YUYAN WENZI DAWEN

语言文字答问

杜永道 ● 著

语文出版社
·北京·

图书在版编目（CIP）数据

语言文字答问 / 杜永道著. — 北京 ：语文出版社，2018.1（2023.2重印）
ISBN 978-7-5187-0332-6

Ⅰ. ①语… Ⅱ. ①杜… Ⅲ. ①语言—通俗读物②文字—通俗读物 Ⅳ. ①H-49

中国版本图书馆CIP数据核字(2017)第326894号

责任编辑 张双亭
装帧设计 梁 明
出 版 语文出版社
地 址 北京市东城区朝阳门内南小街51号 100010
电子信箱 ywcbsywp@163.com
排 版 北京杰瑞腾达科技发展有限公司
印刷装订 保定市正大印刷有限公司
发 行 语文出版社 新华书店经销
规 格 787mm×1092mm
开 本 1/16
印 张 16.5
字 数 235千字
版 次 2018年1月第1版
印 次 2023年2月第4次印刷
印 数 14,001-24,000
定 价 35.00元

010-65253954（咨询） 010-65251033（购书） 010-65250075（印装质量）

序　　言

近些年来，我在《人民日报》（海外版）、《语言文字报》《小学语文教师》等报刊开设专栏，回答读者的语言文字问题。这些问题范围较广，涉及语音、文字、词汇、语法、修辞等，都是编辑、记者、文秘人员、教师、学生等在日常工作或学习中遇到的实际问题。根据读者建议，现将近几年的答复结集出版，以方便查检。

我于20世纪90年代初到国家语委《语文建设》编辑部工作。该刊主要任务是宣传国家语言文字方针政策。因此，我对国家的有关政策比较了解，对语言文字方面的规范也较熟悉。来语委前，曾在外地某高校教“现代汉语”多年。这些经历对回答语言文字问题很有帮助。在国家语委的长期工作中，常跟语言文字专家联系，有的慢慢相熟，这对我回答问题颇有好处。这些年常向有关专家请教，跟他们切磋，以使回复更为准确、客观。在此，向国家语委、中国社会科学院语言研究所及北京大学等单位的老师谨致谢忱。

语言文字是为社会服务的，语言文字工作天然地具有为社会服务的性质。在我看来，为社会服务是语言文字工作的根本属性。时光荏苒，不觉已年届古稀。瞻望来日，拟继续为社会贡献绵薄。心下思忖，为社会服务，自己的生命才有意义。

记得十几年前，我在国家语委《语言文字报》做主编的时候，有一天接到央视一个电话，问语言文字问题。答复之后，人家问以后还能不能提问，我说可以。从那时至今，一直回答他们的问题。另外，曾应邀去外交部、农业部等单位讲公文写作中的语言文字问题，去光明日报社、人民教育出版社等单位讲编辑工作中的语言文字问题。有时也接到咨询电话。这些情况表明，社会有规范、正确使用语言文字的需求，搞好这方面的服务，是语文工作者的责任，也是实实在在的语言文字工作。

作者

2017 年 11 月

目　　录

字词句解说

近义辨析

读音辨正

标点用法指误

数字用法析疑

汉语拼音问题解惑

字形观照

笔顺易错字

修辞手法说略

其他

字词句解说

001 “扳手腕”与“掰腕子”

有人问，媒体中“扳手腕”的说法是否规范。

口语中一般说“掰腕子”。笔者60年代在北京上中学时，常听同学说“掰腕子”。这里的“掰”意思大体同“扳”，即含有“使一端固定的东西转变方向”的意思，同样的用法再如：

（1）你掰着指头算算，暑假还剩几天，还不赶快把作业做完。

（2）铁丝儿有点弯，使劲儿一掰，就直了。

这虽然是北京话里的说法，普通话里也这么说。因此《现代汉语词典》收录这种说法时，没有加“方”来指明是方言用法。此外，偶有人说“掰手腕”，但不多，“掰腕子”一直是主流用法。

“扳手腕”这种说法普通话里似乎不大说，这种说法或许是受了方言的影响。总起来说，宜按照《现代汉语词典》里的说法说成“掰腕子”，这是普通话里比较规范的说法。

另外，（1）中的“掰着指头算算”也说成“扳着指头算算”。再如：

（3）她坐在那儿扳着指头算天数。

（4）老王扳着手指算了一下，说：“材料够用啦。”

虽然两者说法都可以说，不过在口语中，说“掰着指头算算”的说法似乎更多些。

002 “梆梆硬”还是“邦邦硬”

在《现代汉语词典》中有“梆硬”，也有“硬邦邦”。那么，当我们说“bāngbāngyìng”的时候，写成“邦邦硬”还是写成“梆梆硬”呢？

“梆硬”是说“很硬”，大约表示“像硬木等做的梆子一样硬”的意思。《现代汉语八百词》中有“硬梆梆”一词，跟《现代汉语词典》中的“梆硬”一样，都采用了“梆”字，故而“bāngbāngyìng”宜写成“梆梆硬”。据此，

《现代汉语词典》中的“硬邦邦”宜改作“硬梆梆”。

003 “包涵”没有“包含”义

一篇文稿中说“这段话包涵了几个意思”。其中的“包涵”用得不妥。

“包涵”是客套话，表示“请人原谅”。例如：

（1）我唱得不好，还请大家多多包涵。

（2）我们招待不周，各位多包涵。

（3）没准备什么好吃的，简单做了几样菜，您两位多包涵。

“包涵”没有“包含”的意思，因此，不应用“包涵”来表“包含”义。

004 “被评为”可以说成“评为”吗

人们有时提到某人或某单位“被评为”某种荣誉称号。“被评为”中的“被”字可否省去呢？

“被……”是汉语中的“被”字句。例如：

（1）地上的一堆树叶被风刮得乱飞。

（2）会上，小刘被大家批评了一顿。

（3）苗苗刚出门就被姥姥叫了回来。

“被”字的作用是引进动作的施动者，上面例句中的“风”“大家”“姥姥”是施动者，也叫“施事”。

但有的时候，说话人认为“施事”不言自明，就把“被”后的施事省略了。例如：

（4）您提到的那所房子，在这片地区拆迁时，也被拆掉了。

（5）上周街东头的一家商店被盗了，警察正在侦破。

（6）他由于老不按时上下班，昨天被解雇了。

过去“被”字句多用来表示不如意的事情，现在也常用来表示如意的事情。例如“他被评为优秀教师”“老李被提升为副厂长”这一类句子已经成为很自然的说法了。

“被评为”，在口语中常省略“被”字，说成“评为”。例如：

（7）咱们车间的老李去年评为劳动模范。

（8）这个型号的洗衣机上周在市里评为“信得过产品”。

（9）小吴已经连续三个学期评为三好学生，还不够资格吗？

在口语化的文章里，这种说法时常出现。不过，在正式的文件中，以及在书面语色彩明显的文稿中，还是采用有“被”字的说法比较好。这样可以表述得更为明确清晰，也跟书面语的习惯说法和色彩相吻合。

005 “比翼齐飞”的用法

有人说“比翼齐飞”只能用于夫妻之间，有人则说“比翼齐飞”也可用于夫妻之外的人或事物。究竟应当怎样使用“比翼齐飞”呢？

《现代汉语词典》中说，“比翼齐飞”的意思是：“比喻夫妻恩爱，朝夕相伴。也比喻互相帮助，共同前进。”

在人民网上搜索“比翼齐飞”，发现虽然有几例是用于夫妻的，但大多数用于各种事物。例如：

（1）形成了绵阳、沈阳南北两大发动机基地比翼齐飞的良好局面。

（2）把握规律性、体现时代性，努力实现事业与产业比翼齐飞、社会效益与经济效益齐头并进的良好局面。

（3）促进数理统计和应用统计学科比翼齐飞，不断加快统计理论研究向应用实践的转化。

（4）大力促进工业与现代服务业比翼齐飞，推进经济社会全面协调可持续发展。

（5）文学创作与文艺理论，本来应当是相辅相成、比翼齐飞的。

（6）形成了花茶文化和花茶交易比翼齐飞的新格局。

（7）坚持走实体经济和金融产业比翼齐飞之路。

（8）实现深化改革和推进法治相互促进、比翼齐飞，为改革发展和国家的长治久安奠定更为坚实的基础。

值得一提的是，国务院总理李克强 2014 年 5 月 27 日上午在人民大会堂出席全球研究理事会 2014 年北京大会开幕式致辞时说："我们注重基础研究和应用研究比翼齐飞，促进科技成果加快转化为现实生产力，形成新产品、新服务、新业态，创造新的就业岗位。"

从上述情况可以看出，"比翼齐飞"在社会语文生活中，不限于夫妻之间，还可以用于各种事物。因此，我们读到上面的"比翼齐飞"用于各种事物的用例时，并不感到别扭。对《现代汉语词典》在"比翼齐飞"条的解释中说的"也比喻相互帮助，共同前进"，不妨理解为指夫妻之外的人或事物。

006 "不遑多想就可以知道"的说法不妥

某媒体中说："这件事，任何思维正常的人，不遑多想就可以知道其中的道理。"其中的"不遑"用得不妥。

"不遑"的意思是"来不及""没有时间做（某事）""无暇"的意思。例如：

（1）将军连年征战，所以不遑顾及此事。

（2）他整天研究用中药抗癌，专心致志，常常不遑寝息。

（3）这些年，他专注于此，昼夜忙碌，不遑他顾。

媒体中那句话的意思是说："任何思维正常的人，不用多想，就很容易知道其中的道理。"

因此，这句话不宜用"不遑"，宜用"不用"或"不必"。例如可以说成："任何思维正常的人，不用多想就可以知道其中的道理。"

总之，"不遑"是"来不及""没有时间做（某事）""无暇"的意思，不是“不用”“不必”的意思。此外，“不遑”是个书面语色彩明显的词，只宜用于书面语色彩明显的语境中。

007 “不上秤称”不宜写成“不上称称”

某媒体中说：“遵从自己就是衣服越穿越肥，鞋越穿越软，不照镜子，不上称称，进门和出门可以是一个人……”其中的“不上称称”用得不妥。

“不上称称”是说“不到秤上称自己的体重”，其中的第一个“称”宜写成“秤”，改为“不上秤称”。

“秤”字是从“稱”（“称”的繁体字）字中分化出来的，因此过去的工具书，如《现代汉语词典》第5版中有“‘称’同‘秤’”的说法。但是现在一般不这样用了。因此，在《现代汉语词典》第6版中，原先“同‘秤’”的说法调整为“旧同‘秤’”。也就是说，“称”过去曾有“同‘秤’”的用法，但是现在不这样用了。

2013年国务院发布了《通用规范汉字表》。解读这个字表的《通用规范汉字字典》中，“称”只有chēng、chèn两读，即“称”不再有chèng的读音。这就是说，根据我国最新的汉字使用的规范，“称”不再有“同‘秤’”的用法了。因此，不宜用“称”来表示“秤”的意思。

008 “不胜”（副词）一般用于感情方面

某媒体中说：“衣服、裙子和裤子上都有不胜烦琐的花纹。”其中的“不胜”用得不妥。

“不胜”可用于表示程度深，相当于“非常”，是副词。例如：

（1）对您的鼎力相助，我不胜感激。

（2）能出席这个酒会，我们两人不胜荣幸。

（3）他因故不能出席这次研讨会，与会同人不胜遗憾。

（4）得知飞机失事的消息，家属不胜悲恸。

（5）得知这个消息，不胜欣慰，请代我向先生表示祝贺。

从上面的例子可以看出，相当于“非常”“十分”的副词“不胜”，一般用于感情方面，而不用于其他方面。因此，“不胜烦琐”的说法是不妥当的。其中的“不胜”可改为“非常”等，例如可以说成“非常烦琐”“特别烦琐”“格外烦琐”等。

009 “不由得”还是“不由地”

“不由得”常表示两个意思。一个意思是“不容”“不容许”。例如：

（1）他说得这么透彻，不由得你不信服。

（2）他谈的情况漏洞很多，不由得别人不怀疑。

另一个意思是“不禁”。例如：

（3）他说的故事太感人了，听众不由得纷纷落泪。

（4）离家多年的儿子回来了，母亲不由得抱住儿子，失声痛哭。

从上面的例子可以看出，“不由得”表示“不容”“不容许”的意思时，是说由于客观情况使得主观上不得不怎么样；表示“不禁”的意思时，是说自己主观上禁不住怎么样。

现在的词典一般都写成“不由得”，1937年出版的《国语辞典》中说，“不由得”“亦作‘不由的’”，但是现在一般不这么写了。也有人写成“不由地”。还是依照目前大多数词典的写法，写成“不由得”比较妥当。

有的词典有“不由”一词，用法跟“不由得”相同。所举的例子有“见此情景，我不由热泪滚滚”“不由分说”。从这两个例子可以看出，用“不由”时，后面一般不再说轻声 de，而是将“不由”跟后面的词语直接组合。

010 “不只如此”不宜写成“不止如此”

某媒体中说：“不止如此。随着定时拍摄技术的发展，科学家通过间隔相同时间拍摄到的影像记录观察到……”其中的“不止如此”宜改为“不只如此”。

“不止”有两个意思。一个是表示某种动作或现象不停止。例如：

（1）他听了这一席话，大笑不止。

（2）机枪手受了伤，血流不止，卫生员赶紧给他包扎。

“不止”的另一个意思，是“超出某个数目或范围”。这种用法比较常见。例如：

（3）他恐怕不止 30 岁吧。

（4）我不止一次说过这个问题，你们就是不听。

（5）这篇文章中与此相同的差错不止一处。

“不只”则是“不仅”“不但”的意思，表示一种语意上的递进关系。例如：

（6）这些措施不只使得生产发展了，而且还改善了当地群众的生活。

（7）我们不只帮助这几户人家搞养殖脱贫致富，还帮助深山里的十几户人家办起农家乐，过上了好日子。

原句中的“不止如此”是“不仅如此”的意思，因此宜改为“不只如此”。当“不只”用在复句中起关联词语的作用时，比较好判定该用“不只”。而上文中的“不只如此”是单独使用的，因此不易判断。

011 “曾经的学校”的说法是否妥当

一篇文章中说：“这是小刘曾经的学校。”其中“曾经的学校”的说法是否妥当呢？

“曾经”是副词，只能做状语。例如：

（1）他曾经去过上海。

（2）我曾经吃过这种鱼。

（3）老张曾经跟我说过这件事。

在“曾经的学校”中，“曾经”充当了定语，显然不妥。因此这句话可以改为“这是小刘曾经读过书的学校”或者“这是小刘从前的学校”。改成“这是小刘曾经读过书的学校”后，“曾经”便从充当定语改成充当状语，符合一般的使用习惯，句子显得比较自然了。改成“这是小刘从前的学校”后，让时间名词“从前”做定语，句子也显得自然了。

012 “差不多……都”是病句吗

《开国大典》一文中有句话：“群众差不多把嗓子都喊哑了，把手掌都拍麻了，还觉得不够表达自己心里的欢喜和激动。”有位老师问，前面写了“差不多”，后面又说“都”，是不是病句。

“群众差不多把嗓子都喊哑了，把手掌都拍麻了”中的“都”不是表示“总括”的意思，而是表示“甚至”，起强调作用。同类的例子如：

（1）你待我比亲姐姐都好，真希望咱们永远在一起。

（2）我都不知道他得奖了，我也是刚才听你说才知道。

（3）真抱歉，几年不见，我都忘了你的名字了。

（4）你们说话的声音太大，把孩子都吵醒了。

（5）他给我妈看完病，连一口水都没喝，就走了。

也可以简单地把这种用法的“都”理解为“起到语气上的强调作用”。“把嗓子都喊哑了”比“把嗓子喊哑了”语气更重，“把手掌都拍麻了”比“把手掌拍麻了”语气更重。这里的“都”起到了强调语意、加强语气的作用。而句子里的“差不多”则是“几乎”的意思，是说“很接近”。同类的例子如：

（6）我们差不多等了两小时。

（7）差不多走了三十里才来到这个村子。

“群众差不多把嗓子都喊哑了”，是说群众高呼口号，几乎到了把嗓子喊哑的程度。

013 “嗤嗤水气”宜写成“哧哧水汽”

某媒体中说：“忧愤和痛苦像烧红的铸件 / 煮沸大江，腾起嗤嗤水气……”有人问，其中的“水气”的写法是否妥当。

指水蒸气或者指江河湖海水面升起的雾气时，工具书上所采用的词语是“水汽”。例如：

（1）这时候，锅炉里头的水烧开了，开始往外冒水汽。

（2）水达到沸点时，水就开始变成水汽了。

（3）水烧开的时候，水壶里冒出许多水汽，把壶盖儿顶了起来。

（4）漓江上水汽蒸腾，群山渐渐隐去。

（5）清晨，湖面上弥漫着一层水汽，太阳升起来后，水汽渐渐消散。

（6）海面上蒙着一片水汽，即使用望远镜，也看不远。

例（1）（2）（3）中的“水汽”指水蒸气，（4）（5）（6）中的“水汽”指江河湖海水面升起的雾气。

“水汽压”是指空气中水蒸气的压强，以百帕为单位，是度量空气中水蒸气含量的一种量。“水汽输送”是气象方面的一个术语，指大气中的水蒸气随水平气流从一个地区输送到另一个地区。

在常见词语中，“水气”的写法仅见于中医。中医里有“水气凌心”的说法，指水气上逆而影响心脏的一种病理状态，一般由脾肾阳虚等所致。因此，当我们指水蒸气或者水面的雾气时，写“水汽”，不写“水气”。

“汽”可以指液体或固体受热变成的气体，也可以用来专指水蒸气。在“蒸汽”和“水汽”中，“汽”指水蒸气。另外，“嗤嗤”改为拟声词“哧哧”则更妥当些。

014 “词不达意”不宜写成“辞不达意”

时或见到有人把“词不达意”写成“辞不达意”。

“词不达意”一词，最早出现的时候，说成“文不逮意”，见于晋代陆机《文赋·序》，其中说：“每自属文，尤见其情，恒患意不称物，文不逮意。”后来，也写成“辞不逮理”或“词不逮意”。

到了宋代以后，多写成“词不达意”。例如：

（1）盖五百年而书功烈者，词不达意，余尝叹息之。（释惠洪《石门文字禅·二一·高安城隍庙记》）

（2）大复任意纵笔，故作大言惊人，而词不达意，致招掊击，原属自取。（朱庭珍《筱园诗话》）

（3）大凡译技艺的书，必要是这门技艺出身的人去译，还要中西文字兼通的才行；不然，必有个词不达意的毛病。（《二十年目睹之怪现状》第三十回）

（4）惟文笔则远不逮。词不达意，粗具梗概而已。（鲁迅《中国小说史略》第十四篇）

现在的工具书如《现代汉语词典》《当代汉语词典》《新华多功能字典》等，多采用“词不达意”的写法。因此，宜写“词不达意”，不宜写“辞不达意”。

015 “待会儿”的两个意思

“待会儿”有时表示“（在某处）停留一段时间”。例如：

（1）我在教室里待会儿再回家。

（2）你先在操场上找个地方待会儿，我一会儿去找你。

“待会儿”有时表示“经过一段时间”。例如：

（3）您先忙，我待会儿再来找您。

（4）你待会儿自己买个包子吃吧。

这表明，“待（dāi）”除了表示“停留”的意思外，有时表示“经过一段时间”的意思。

016 “但却”的说法应怎样看

某媒体中说：“陈志光对不锈钢的运用，有一定的视觉意义，但却不能像他所说，不锈钢的材质寓意‘不朽’。”

有人批评这句话中的“但却”使用不当，认为“但”“却”都表示转折的意思，用在一起就重复了。

这个意见有一定道理。不过，现在使用这种说法的情况并不罕见。例如有时会听到下面的说法：

（1）虽然弹得不算纯熟，但却传达出了作品蕴含的情感。

（2）心里有事儿，虽然已经很晚了，但却怎么也睡不着。

（3）大家都同意这个方案，但老王却有不同看法。

（4）猎人们挖好了陷阱，但老虎却走了另一条路。

从语感上说，上面的几种说法，人们一般还是可以接受的，不觉得太别扭。这是因为，“但却”放在一起，有一种强调转折意味。

汉语中词语有双音化的趋向，“但却”连用，易于跟其他双音词在语音节奏上形成搭配。另外，这种说法是把“但”放在前面，把“却”放在后面，一般不采取相反的把“却”放在前面的说法。

当我们自己写文章的时候，为求精练，可单用“但”或“却”来表示转折。如果看到别人的文章里使用“但却”，也不宜视为“硬伤”。

017 “道高一尺，魔高一丈”还是“魔高一尺，道高一丈”

有人说“道高一尺，魔高一丈”，也有人说“魔高一尺，道高一丈”，究竟哪种说法正确呢？

“道高一尺，魔高一丈”原为佛教用语，意在告诫修行的人，警惕外界诱惑。“道”指正气，“魔”指邪气。佛家认为，修行达到一定阶段，就会有魔障干扰破坏而可能前功尽弃。后来人们用这样的话来比喻取得一定成就后，遇到的障碍会更大。例如：

（1）盖道高一寸，魔高一尺，百刻之中，尤当防护。（俞琰《古文参同契集解》）

后来也用来指两种势力，交替消长。例如：

（2）世事变化反复，往往出乎意想之外。所谓道高一尺，魔高一丈，不饱历事故，乌知局中之艰难哉！（曾国藩《致沅弟》）

现在，人们多用这个成语来比喻正义终将战胜邪恶。例如：

（3）道高一尺，魔高一丈。贩毒者诡计再多，也逃脱不了武警战士的抓捕。

有人说，“道”指正气，“魔”指邪气，表达“正义终将战胜邪恶”的意思时，用“道高一尺，魔高一丈”是不是说反了？

表面看的确是这样。不过，有时候，成语在使用中，意思逐渐会发生某种变化。譬如“空穴来风”原先用来比喻传言有一定根据，而现在则多用来指传言没有根据，意思恰好相反。例如现在人们常这样说：“关于公司要裁员三分之一的说法，纯属空穴来风。”

这种情况提示我们，对成语宜注意从整体上来理解、运用，不宜死抠字眼而忽略整个成语的意思。

在写法上，这个成语宜按照《现代汉语词典》等工具书推荐的写法，写成“道高一尺，魔高一丈”。当然，写成“魔高一尺，道高一丈”也是可以的，也不算错。笔者个人感觉，表示“正义终将战胜邪恶”的意思时，写成“魔高一尺，道高一丈”，或许妥帖些，因为这样写更容易让一般人理解。

018 “的”“得”在“老张写的字”和“老张写得一手好字”中的使用

“老张写的字”和“老张写得一手好字”这两个句子好像有点相似，其实意思完全不同，因而前一句用“的”，而后一句用“得”。

“老张写的字”意思是字是老张写的，表示一种判断。“老张写”是定语，中心语“字”是名词性的，因而定语后用“的”。而“老张写得一手好字”则是说，老张字写得好。这里的“老张”是主语，“写得一手好字”是谓语部分。谓语部分中的“写”是谓语动词，“一手好字”是补语。“写得一手好字”是动补结构。“一手好字”可以看作“写”的结果。

019 “独当一面”与“势不可当”中的“当”

“独当一面”是单独承担一个方面任务的意思。“独当一面”出自《史记》，后来有各种写法。例如唐代有“独当一队”，宋代有“独当一方”，明代有“堪当一面”，清代有“独当一路”等。但其中的“当”都写作“当”。

“势不可当”是来势凶猛，无法抵挡的意思。“势不可当”出自《晋书》。在口语中，人们也说“势不可挡”。“势不可挡”的意思跟“势不可当”是相同的。

如果从“独当一面”跟“势不可当”这两个成语中“当”字写法的角度说，“独当一面”中的“当”只宜写成“当”，不宜写成“挡”。而“势不可当”中的“当”也可以写成“挡”。

020 “敦促”的用法

“敦促”的“敦”有“督促”义。《汉语大字典》对此举例说：“《易·复》：‘敦复，无悔。’高亨今注：‘敦本督责促迫之义。敦复者，受人之督责促迫而返。其复虽由于被动，然能复则无悔。’”

“敦促”中的“促”有“催促”义。例如催铣《记王忠肃公翱三事》中说：“公屡促之。”李白《鲁郡尧祠送吴王之琅琊》中说：“日色促归人。”其中的“促”都是“催促”的意思。

因此，“敦促”是由语素义相近的“敦”跟“促”以联合方式构成的一个词。其义是“催促”。例如：

（1）请你们立即敦促两位先生早日启程来京参加会议。

（2）我们敦促双方就有关问题积极磋商，尽快达成协议。

（3）再次敦促有关方面尽早拿出解决这个问题的具体措施。

（4）检方敦促有经济犯罪行为的人员认清形势，尽快投案自首。

（5）国际社会敦促交战双方立即停火并展开对话。

从上面的例子可以看出，“敦促”具有书面语色彩，故“敦促”在书面语中特别是外交事务中使用较多，口语中使用较少。

021 “多的是”还是“多得是”

“多的是”是数量很多的意思。例如：

（1）像他这样的技术能手在我们车间多的是。

（2）这种杏儿在我们家乡多的是，而且更大、更甜。

（3）保温杯在超市里多的是，有大的，有小的。

“多的是”中的“的”一般写“的”，不写“得”（参见《现代汉语八百词》502页，商务印书馆，1999年）跟“多的是”意思相同且口语中常说的另一个词是“有的是”，也是表示数量很多。例如：

（4）虽然对你来说，钱有的是，但不能乱花。

（5）过去，我们村里的壮劳力有的是，现在许多人出去打工，壮劳力不多了。

（6）这种石头山谷里有的是，如果你盖房子要用，自己开车去拉吧。

022 “放眼大好河川”宜写成“放眼大好河山”

某媒体的一篇文章中说：“我更需以他们为榜样，提着相机走四方，快乐放眼大好河川。”其中的“河川”用得不妥。

该文介绍了两位六七十岁的老同志，虽然年事已高，仍然坚持进行摄影活动，且多有佳作。这两位老先生多年来去过不少地方，由于身体结实，才完成了一次次摄影任务。文章作者由此感叹，摄影需要好身体，自己也要以两位老同志为榜样，到各地去摄影。文章中提到的“走四方”，就是到各地去摄影的意思。从上面的介绍可以看出，文章中说的“快乐放眼大好河川”实际上要表达的是“快乐放眼大好河山”。“河川”的意思是“大小河流的总称”，而作者所要表达的意思不是仅仅指去各地的河流摄影，而是说到各地去摄影。因此“快乐放眼大好河川”宜改为“快乐放眼大好河山”。

“河山”指国家的疆土，人们常说的“大好河山”指祖国的山川，实际上往往指祖国辽阔的疆域。就这篇文章而言，说“放眼大好河山”是比较合适的。

023 “该计划又再次‘复活’”的说法不妥

某媒体中说：“因为资金短缺、进度拖后、设计思想有争议等原因，美国政府终结‘星座计划’，‘猎户座’飞船也随之成为泡影。而后该计划又再次‘复活’。”其中“该计划又再次‘复活’”的说法是否妥当呢？

“复活”指“死了又活过来”，常用于比喻。例如：

（1）该地春节期间封建迷信活动有所复活。

（2）这项新技术使得下马不久的厂子得以复活。

（3）经过老王细心修理，一部报废的车床竟然复活了。

“复活”有时带宾语，这时表示“使复活”的意思。例如：

（4）爱好和平的人们反对复活军国主义。

“再次”是“第二次，又一次”的意思。例如：

（5）临走时奶奶再次叮嘱她到学校后来电话。

（6）对你们的帮助我们再次表示感谢。

从“该计划又再次‘复活’”的上文来看，“猎户座”飞船的建造计划在取消后，重新上马了。也就是说，“复活”只有一次。而“又再次‘复活’”则表示“复活”了两次，因此，应删去“又再次”。

024 “干嘛”宜写成“干吗”

“干吗”在1937年的《国语辞典》中，曾写作“干么”，但后来采用这种写法的不多，所以在1960年《现代汉语词典》（试印本）中，改为“干吗”。此后的工具书一般都写成“干吗”。

现在常有人把“干吗”写成“干嘛”，把“吗事儿”写成“嘛事儿”。

“干吗”是“干什么”的意思，其中的“吗”读二声má，是疑问代词，相当于“什么”。

“嘛”只做语气助词，仅出现在句末，且读轻声。“嘛”没有二声má的读法。“嘛”也没有表示疑问代词的用法，因此在“干吗”中只宜写“吗”，不宜写“嘛”。故而有的词典在“干吗”这一词条后特别提醒读者注意，不宜写成“干嘛”。

“吗事儿”的意思是“什么事儿”。这里的“吗”也是疑问代词，意思是“什么”。“吗事儿”“有吗吃吗”中的“吗”同样不宜改为“嘛”，写成“嘛事儿”“有嘛吃嘛”。

025 “高山景行”的用法

“高山景行”是指崇高的德行，是名词性的，可做主宾语。例如：

（1）他的高山景行，人所共仰。

（2）其高山景行，为人所称颂。

（3）村里人无不敬佩他的高山景行。

（4）人们赞誉这位山村教师的高山景行。

“高山景行”也可做定语。例如：

（5）这位先生高山景行的人格魅力，感染着他的学生。

（6）他的高山景行的人生轨迹，是人们所熟悉的。

“高山景行”来源于“高山仰止，景行行止”。（《诗经·小雅·车辖》）字面的意思是高山可以仰望，大道可以行走。寓意是：品德像巍巍高山一样崇高的人，就会有人敬仰；行为像宽阔大道一样光明正大的人，就会有人效仿。其中的“景行（xíng）”指大路，“止”是语气助词。

其中的“高山仰止”有时单独使用，常见的是做定语。例如：

（7）见到这位仰慕已久的先生，我们有一种高山仰止的感觉。

（8）他的发言表达出了大伙儿高山仰止的共同感受。

“高山景行”来自古代经典，因此书面语色彩浓厚。在使用“高山景行”及使用“高山仰止”的时候，上下文也宜有书面语色彩，以便跟来自古籍的词语在语体色彩上保持一致。

026 “姑父”“姨父”还是“姑夫”“姨夫”

在现代汉语中，“姑父”指姑母的丈夫，“姨父”指“姨母的丈夫”。

指这两种人时，过去有写成“姑父”“姨父”的，也有写成“姑夫”“姨夫”的。例如：

（1）我的姑父是一个廪生，在女学校教国文。（沙汀《兽道》）

（2）叉遂与太师高阳王雍等辅政，常直禁中，肃宗呼为姨父。（《魏书·元叉传》）

（3）（恢）仕郡督邮，姑夫爨习为建伶令。（《三国志·蜀志·李恢传》）

（4）胡长粲以从舅之亲，冯子琮以姨夫之戚，俱受寄托，并当枢要。（卢思道《北齐兴亡论》）

1937年出版的《国语辞典》以“姑夫”“姨父”为主条。《现代汉语词典》第4版以“姑夫”“姨夫”为主条，统一使用“夫”语素，使得两种称呼相一致。《现代汉语词典》第5版调整为以“姑父”“姨父”为主条。这一调整，显然着眼于彰显辈分的不同，某人的“姑父”“姨父”是他的长辈，而“姐夫”“妹夫”则是同辈人。

在百度上搜索，发现“姑父”的出现频率略多于“姑夫”，而“姨夫”的出现频率则远多于“姨父”。在人民网上搜索，则“姑父”远多于“姑夫”，“姨夫”略多于“姨父”。这种情况或许反映出，在社会语文生活中，“姑父”比“姑夫”用得多，“姨夫”比“姨父”用得多。但是，目前我们还是应当按照权威工具书《现代汉语词典》提倡的做法，写“姑父”跟“姨父”。如果有人写成“姑夫”和“姨夫”也不宜算错。对社会上这两组词的使用状况，则宜持续观察。

027 古人名字中的“椝”是否应写成“规”

有人问，清代官员聂缉椝名字中的“椝”应写“规”，还是写“椝”。

2013年颁布的《通用规范汉字表》部分恢复了1955年《第一批异体字整理表》中某些淘汰使用的异体字的功能。

例如，《第一批异体字整理表》中“昇”作为“升”的异体字被淘汰，但是在《通用规范汉字表》中收入了这个字。我们可以在《通用规范汉字表》的“三级字表”中序号6674处查到这个字。但是，这并不是说书面上的“升”都可以用“昇”来替换。

《通用规范汉字表》的“附件1”是《规范字与繁体字、异体字对照表》，这个表后有52条注释。其中的第8条是“昇”字。注释说：“可用于姓氏人名，如‘毕昇’。”这句话告诉我们，“昇”字只能用于姓氏人名，而不能用于别的地方。“昇”这类字既然“可用于姓氏人名”，那么当然可用于古人的姓氏人名。同时，现在的人起名字，也可用这类字。

《通用规范汉字表》只是恢复了一部分《第一批异体字整理表》中淘汰的异体字，而且只恢复了部分功能。在《通用规范汉字表》中没有收入的《第一批异体字整理表》已经淘汰的异体字，即使作为姓氏人名，也不宜使用。

例如“椠”，在《通用规范汉字表》中没有收入，因此不宜用在古人的名字中。当然，这是指不能用于现在人们写的文章和书籍中。如果是印刷古籍，自然不必改动古籍里人名中的“椠”。

确定某个已然在《第一批异体字整理表》中淘汰的异体字是否可用于人名，可查阅《通用规范汉字表》或《通用规范汉字字典》（商务印书馆，2013年版）。

028 “剐蹭”不应写成“刮蹭”

时或看到有人将“剐（guǎ）蹭”写成“刮（guā）蹭”。

“剐蹭”是指物体表面被刺破或擦伤。例如：

（1）这辆轿车左侧被一辆面包车剐蹭了一下。

（2）车太拥挤时，容易发生剐蹭。

（3）他倒车时，被树干剐蹭，车身留下一道痕迹。

“剐蹭”的“剐”有“被尖锐东西划破”的意思。例如：

（4）干活时没留神，手臂上剐了个口子。

（5）裤腿被钉子剐破了。

（6）小心玻璃碴儿剐破手。

而“刮”则指用刀等工具在物体表面移动，使得表面光滑或者去掉某些东西。例如：

（7）我昨天刚刮了胡子，今天不用再刮了。

（8）你去刮土豆皮吧，晚饭咱们吃土豆烧牛肉。

（9）我刮个冬瓜吧，待会儿做个冬瓜汤。

（10）老李把锅底的黑灰刮了下来。

“刮”没有“被尖锐东西划破”的意思。因此，把“剐蹭”写成“刮蹭”

是不妥当的。另外，从常用例来看，“刮”往往是一种主动行为，而“剐”则往往指一种被动的、造成某种伤害的情况。

029 “归宁”的意思和用法

某人在校庆的楹联中使用“归宁”一词，有人对此提出质疑。应该怎样看待这种用法呢？“归宁”是个来自文言的词，较常见的意思有：

1. 出嫁女子回娘家看望父母。例如：

（1）害浣害否，归宁父母。（《诗经·周南·葛覃》）

（2）妻防远嫌疑，不肯归宁。（《后汉书·列女传·刘长卿妻》）

（3）我妻到故乡去作长期的归宁，把两个小孩子留剩在这里，交托我管。（丰子恺《缘缘堂随笔·晨梦》）

2. 妇人被夫家遗弃，回到家里。例如：

（4）拊心常叹息，无子当归宁。（曹植《弃妇篇》）

3. 男子回家省亲。例如：

（5）冀王事之暇豫，庶归宁之有时。（陆机《思归赋》）

其中第一种用法最为常见，所以现在的工具书往往把“归宁”解释为“回娘家看望父母”或者“出嫁女子回娘家看望父母”等。

在某种联谊会上或者校庆上，有人在楹联或者标语、横幅上使用“归宁”，可以看作一种临时性的修辞用法。例如在校庆活动中，用到“归宁”，意思是说多年前的学生们回到母校，好像出嫁的女儿回到家里看望父母一样。“归宁”虽然没有这个意思，但是人们在这种活动中看到“归宁”，能够体味出这里“归宁”的含义。也就是说，在这个语境中，人们能明白此时此地所使用的“归宁”的意思。

在社会生活中，有时人们会根据表达的需要，临时比喻性地使用某些词语，是可以理解的。当然，这种临时性的修辞手法，有的用得好，会流传开来；有的用得不太贴切，听到或看到的人不大赞同，便自生自灭了。

030 “衮衮诸公”的用法

有人问：在《现代汉语词典》中，“衮衮诸公”的意思是“称众多居高位而无所作为的官僚”。但是，有时媒体上的“衮衮诸公”似乎表示某领域的许多人。这种用法是否妥当？

的确，“衮衮诸公”是指身居高位而碌碌无为的官僚政客。含有贬义。但是在当下的具体运用中，“衮衮诸公”有时指某个领域的许多人，不指不作为的官僚，也不含有贬义。在人民网上搜了一下，注意到出现的几十处“衮衮诸公”中，有一多半是指某领域的许多人，而不是指不作为的官僚。例如：

（1）中国足球没出息太久，衮衮诸公憋足了劲，合力要在亚冠上放一颗卫星。

（2）洪承畴是在朝衮衮诸公中吴三桂真心敬重的人物之一。

（3）不料会议刚散，就激起相邻四地衮衮诸公一片反对。

（4）莫非国会山上衮衮诸公希望其他国家以波音等公司与五角大楼的商业联系为由而抵制他们？

可以说，“衮衮诸公”在社会语文生活中的用法正在发生变化。

我们自己写文章的时候，最好按照工具书上的用法，用“衮衮诸公”来指不作为的官僚。但是，对书报刊上出现的这种新用法，也不宜视作“硬伤”，而宜多进行观察，积以时日，再定圭臬，似较妥当。

某些来源于古籍的四字格成语，在社会使用中往往容易发生使用上的宽泛化，例如“美轮美奂”原先用来指房屋高大美观，现在也用来指房屋之外的事物，例如也用来赞美装饰、布置、表演等。

031 “涵容”不用来表“包含”义

某媒体中说：“这是‘最’义级层涵容‘多个体’的典型例子。”其中的“涵容”用得不妥。

“涵容”是客气话，表示“包涵，宽容”的意思。例如：

（1）自非涵容，少赐优假。（王安石《谢提转启》）

（2）镇所失只在文字，当涵容之。（《宋史·韩维传》）

（3）世祖以外邦从化，宜予涵容，量加恩赏，谕令毋入觐。（《清史稿·礼志十》）

（4）接待不周之处，尚望涵容。

“这是‘最’义级层涵容‘多个体’的典型例子”一句中，是用“涵容”来表达“包含”的意思。“涵容”没有“包含”义，表示“包含”的意思，可用“涵盖”等词语。例如：

（5）作品题材很广，涵盖了社会各个领域。

（6）这篇论文涵盖了多方面的知识。

因此，“这是‘最’义级层涵容‘多个体’的典型例子”可改为“这是‘最’义级层涵盖‘多个体’的典型例子”。

032 “寒暄”还是“寒喧”

“寒暄”是动词，指见面时谈天气，问候饮食、起居、冷暖等。例如：

（1）两人一见面，先寒暄了几句，接着谈正题。

（2）同客人互道寒暄之后，攀谈起来。

“暄”有“温暖”“炎热”的意思。例如：

（3）四时暄暖，无霜雪。（《南齐书·东夷传》）

（4）冬屋稍暄暖，病身更强梁。（王安石《休假大佛寺》）

（5）黄文炳因见天气暄热，且去楼上闲玩一回。（《水浒传》第三十九回）

在某些方言里，“暄”用来指物体因内部空隙多而松软。例如：

（6）新出锅的馒头真暄哪，我不觉连吃了两个。

（7）一位顾客吃着又热又暄的油饼，赞不绝口。

（8）这儿的沙土地真暄，走起来有点儿费劲。

“喧”指大声说话或发出的声音大而杂乱。例如：

（9）办公要地，请勿喧哗。

（10）大厅里人来客往，喧扰不休。

（11）结庐在人境，而无车马喧。（陶渊明《饮酒》）

（12）迎亲的队伍锣鼓喧天，热闹非凡。

“寒暄”是联合结构的合成词，由语素义相反的“寒”和“暄”构成。因此应写成“暄”，不应写成“喧”。

033 “红粉佳人”和“琴瑟和谐”的含义

有人问，称年轻女子为“红粉佳人”，说参加比赛的男女学生“琴瑟和谐”，这两种说法是否妥当。

“红粉”有三个意思：

1. 指妇女化妆用的铅粉和胭脂。例如：

（1）娥娥红粉妆，纤纤出素手。（《古诗十九首·青青河畔草》）

（2）红粉佳人白玉杯，木兰船稳棹歌催。（欧阳修《浣溪沙》）

（3）馆门开处，一位“美人”走进来了，红粉两颊，长眉拂黛，樱唇上涂着血滴鲜红的胭脂。（瞿秋白《赤都心史》十六）

2. 用来借指美女。例如：

（4）忽发狂言惊满座，两行红粉一时回。（计有功《唐诗纪事·杜牧》）

（5）手到处青春丧命，刀落时红粉亡身。（《水浒传》第二十一回）

（6）金女士可算红粉中之巨眼，千古难得！（洪深《少奶奶的扇子》第二幕）

3. 指火药。例如：

（7）得红粉弍万有余斤，铁炮无数。（《太平天国·林凤祥李开芳吉文元朱锡琨北伐回禀》）

“佳人”则常用来指美女。例如：

（8）她可真是当时的绝代佳人啊。

（9）戏剧上的人物常是才子佳人。

在例（2）中有“红粉佳人”的说法。这里的“红粉”是指女人的胭脂、铅粉等化妆品。“红粉佳人”可以理解为“涂抹了胭脂等化妆品的（面颊红润的）美女”。按照这样的理解，用“红粉佳人”来称年轻女子是可以的。

“琴瑟”中的“琴”和“瑟”是两种古代乐器。这两种古代乐器合奏时，音调和谐优美。于是人们用“琴瑟”来指夫妻间融洽的感情，也借指夫妻。例如：

（10）他们老两口几十年来相濡以沫，琴瑟甚笃。

（11）经过几年相处，两人终于结为琴瑟之好。

（12）两人琴瑟相调，日子过得很美满。

例（10）中的“琴瑟”指夫妻间融洽的感情，例（11）（12）中的“琴瑟”则指夫妻。“琴瑟不调”表面的意思是琴与瑟演奏得不协调，常用来比喻夫妻的感情不协调。“琴瑟和谐”常用来比喻夫妻感情和谐美满。“琴瑟调和”“琴瑟相调”“琴瑟和谐”的意思大体相同。

虽然历史上曾有“琴瑟”用于友情的说法，但现在一般不这样使用“琴瑟”了，“琴瑟”现在多用来指夫妻的感情或者夫妻，且指夫妻的情况颇为常见。因此，说参加比赛的男女学生“琴瑟和谐”，是欠妥的。

034 “划定红线”宜写成“画定红线”

某媒体《京津冀将统一划定生态红线》一文标题中有“划定生态红线”的写法。有人问其中的“划”是否用得妥当。

用笔或类似笔的东西做出线条、符号、标记等，一般用“画”字来表示。例如：

（1）他在黑板上画出了两条弧形的曲线。

（2）张老师画出一条直线，随后在直线的两端各画了一个圆圈。

（3）只见她用手指不停地在胸前画十字。

（4）小刘发现，有人在树下的石头上画了一个奇怪的符号。

（5）小李用粉笔在墙角画了一个指向西边的箭头。

“画……红线”是合理的，“划（huà）……红线”则是不合理的。因为“划（huà）”做动词常用来表示“划分”“划拨”一类意思，而不表示“做出图形或线段”一类意思。“划（huà）分红线”或“划（huà）拨红线”的说法显然难以成立。

“划（huà）”虽然也有同“画”的用法，但是表示“做出图形或线段”这一意思时，《现代汉语词典》等工具书推荐的用法是用“画”，而不是用“划”。也就是说，“画”是表示“做出图形、线段”这一意思的主条。因此，在社会语文生活中，人们表示这个意思时，一般用“画”而不用“划”，如（1）至（5）。

“画红线”“画句号”“画等号”都是比喻性的说法。“画红线”喻指不允许超越某一界限（否则将予以惩处），“画句号”喻指某种行为的结束，“画等号”喻指某两个事物是等同的。但是，在字面上，词语之间的语意搭配要合理。也就是说，宜写“画红线”“画句号”“画等号”等，而不宜写“划红线”“划句号”“划等号”等。

“划定生态红线”宜改为“画定生态红线”。

035 “画个钩儿”还是“画个勾儿”

有时看到有人写“画个钩儿”，有时又看到有人写“画个勾儿”。哪种写法正确呢？

应该写“画个钩儿”。“钩”有表示“钩形符号”的意思，是名词。例如：

（1）他在其中一个人的名字后面画了个钩儿。

（2）老师在这几个词的后面画了个钩儿。

（3）小刘在本子上画了一个钩儿。

而“勾”则一般用作动词。例如：

（4）你把文章中描写生动的句子勾出来。

（5）老周骑车上坡的时候，勾着腰，样子很吃力。

（6）小王用铅笔在纸上勾出了这座宝塔的大致轮廓。

因此，应写“画个钩儿”，不应写“画个勾儿”。

036 “皇皇巨著”还是“煌煌巨著”

“皇皇”多用来指气势盛大。例如：

（1）《本草纲目》是我国古代医药学的一部皇皇巨著。

（2）皇皇华夏，古代文明源远流长，世代相传。

（3）在唐代这个皇皇盛世产生了很多优秀诗歌。

（4）当时，政府曾有皇皇文告废止旧历。

“煌煌”则多用来形容明亮。例如：

（5）夜晚，银河在天，明星煌煌。

（6）林立的高楼灯火煌煌，与星光辉映。

（7）他抽出一把剑，剑光煌煌，吓得对手倒退了两步。

过去，曾有“皇皇”跟“煌煌”混用的情况。现在的工具书则引导人们将两者按照不同意思分开来使用。因此宜写“皇皇巨著”，不宜写“煌煌巨著”。

037 “几乎所有的昆虫都被冻死了”中的“都”是什么意思

有人问，“几乎所有的昆虫都被冻死了”中的“几乎所有”是说不是全部，而“都”表示全部，两者是否存在矛盾。

“几乎所有的昆虫都被冻死了”中的副词“都”不宜理解为“总括”的意思，宜理解为“已经”。相同的例子如：

（1）饭都凉了，你还不快吃。

（2）车都开了，现在去退票恐怕来不及了吧？

（3）都十点多了，小刘怎么还没来？

（4）他都六十多了，还在认真学习。

（5）电影都放完了，他还坐在座位上抹眼泪。

038 “即使”后要有“也”与之呼应

某媒体中说：“年底总结，即使发现问题，只能作为教训留到来年汲取。”这种说法不妥。

“即使”是连词，用来表示一种假设关系。使用“即使”时，后一分句常用“也”来与之呼应。例如：

（1）即使我们的工作取得了很大成绩，也不能骄傲自满。

（2）即使你当时在场，也未必能解决这个难题。

（3）上课回答问题的时候，即使你说错了，也不要紧嘛。

（4）即使晚出发一个小时，也来得及。

（5）的确，我们的生活水平提高了；但是，即使生活富裕了，也要有节约的思想。

有时候，“即使……也……”不表示假设，而表示一种估计。例如：

（6）他手里即使有票，恐怕也不会太多。

（7）今年我们村的粮食即使不能大幅度增产，产量也会超过去年。

（8）我看这天气好像不会下雨，即使下雨，也不会太大。

（9）那口井里即使有水，恐怕现在也不能饮用了。

“即使……也……”也可以用来表示一种极端的情况。例如：

（10）即使在隆冬季节，这个海港也不会结冰，你放心吧。

因此，“年底总结，即使发现问题，只能作为教训留到来年汲取”应说成“年底总结，即使发现问题，也只能作为教训留到来年汲取”。

在后一分句，跟“即使”呼应的除了常见的“也”之外，有时也用“都”。例如：

（11）当年插队的生活，即使很小的事儿，他都记得十分清楚。

（12）即使两三粒米掉在地上，他都要捡起来。

（13）他的拳术十分了得，即使几个人同时进攻，他都应对自如。

从上面的例子可以看出，使用“即使”的时候，后一分句要有“也”等与之呼应，缺少后面的“也”等，不符合一般的话语习惯。

039 “脚趾甲”应写成“脚指甲”

某媒体中说：“老人很配合地剪完指甲后，张文玲又帮他脱袜洗脚，小心翼翼地剪掉弯曲变形的脚趾甲。”其中的“脚趾甲”的写法不妥。

指脚指头上的脚指甲，可以写“趾甲”，也可以写“脚指甲”，但不写“脚趾甲”。因为“脚指甲”的组合关系是“脚+指甲”。而且，“趾甲”已经表明是“脚指甲”，在“趾甲”前再加“脚”，就显得重复了。“脚指甲”跟“脚指头”的写法是一致的。因此“剪掉弯曲变形的脚趾甲”应写成“剪掉弯曲变形的脚指甲”。

另外，“脚指甲”中的“指甲”一般注音为 zhǐjia。其实，口语中也常说成 zhījia。故而“脚指甲”在口语中常说成 jiǎozhījia。

040 “叫作”不宜写成“叫做”

某媒体中说“是个叫做汉村的小村”，又说“算做村里房屋的第一代”。其中的“叫做”宜写成“叫作”，“算做”宜写成“算作”。

原先，在《现代汉语词典》第 5 版中，“当做”“叫做”“看做”是规范的写法。没有“当作”“叫作”“看作”的词条。而 2012 年出版的《现代汉语词典》第 6 版中，对此进行了调整。在第 6 版中，“当作”条后有解释该词的话语，“当作”后所排的“当做”条则只解释为“同‘当作’”，并无对词义的解释。这表明，《现代汉语词典》第 6 版认为，“当作”跟“当做”是一组异形词，两者所表示的意思和用法是完全相同的，读音也相同，只是写法不同，而该词典向读者推荐使用的词形是“当作”。“叫作 / 叫做”跟“看作 / 看做”在第 6 版中的情况与此相同，“叫作”是推荐的词形，“看作”是推荐的词形。因此，我们宜写“当作”“叫作”“看作”，不宜写“当做”“叫做”“看做”。

这个问题还可以推而广之，凡是跟“当作”“叫作”“看作”结构相同（是述补结构）的词语或者词组，都宜用“作”，不宜用“做”。例如宜写“算作”，不宜写“算做”。因此，不仅“叫做汉村的小村”宜写成“叫作汉村的小村”，“算做村里房屋的第一代”也宜写成“算作村里房屋的第一代”。此外，再如：

（1）此种做法即被视作故意犯规。

（2）这个妖怪化作一道青烟逃走了。

（3）孙悟空变作一座小庙。

（4）老李在桌子上将这些物品分作两堆。

（5）他将这句话理解作“赶快回来”。

041 “践行……目标”的说法不妥

某媒体中说：“创建于陕甘宁革命根据地的新疆军区某红军师践行强军目标，组织官兵……”其中“践行强军目标”的说法不妥。

“践行”是“实行，实践”的意思。《现代汉语词典》上给“践行”举出的用例是“践行诺言”“践行科学发展观”。其中的“践行”都表示“实行，实践”。再看人民网上的几个用例：

（1）在商贸物流行业内践行着“稳商、助商、扶商、富商”的经营理念。

（2）践行禁烟、不过量饮酒及步行运动的健康生活方式。

（3）在构建和谐社会、培育和践行社会主义核心价值观的道路上跃马前行。

（4）该分局以实际行动践行人民警察“积极、主动、服务、奉献、服从、阳光”的“六种心态”服务群众、服务工作。

（5）今后全省曲艺工作者要继续弘扬社会主义核心价值观，大力践行“爱国、为民、崇德、尚艺”的文艺界核心价值观，切实增强文化自信、文化自觉、文化自强。

（6）中国始终是联合国的坚定支持者和重要合作伙伴，积极倡导和践行多边主义，维护联合国宪章宗旨和原则，维护联合国权威和作用。

（7）以实际行动践行了维护国家海洋权益的誓言，表现出中国海监“特别能吃苦，特别能战斗，特别能奉献”的可贵品质。

（8）天津市第七批援藏干部，都在以自己的实际行动践行着援藏干部的诺言，为群众伸出援助之手，为昌都发展奉献热血青春，共同唱响着藏汉民族团结的大爱赞歌。

（9）在中央的坚强领导和各有关部门的指导支持下，认真践行“四个精准”要求，切实加强扶贫工作顶层设计和机制创新，狠抓贫困地区基础设施和基本公共服务建设。

从上面人民网上“践行”一词的实际用例可以看出，由于“践行”的基本意思是“实行，实践”，所以，它所带的宾语往往是指某种思想、精神、观念、模式、承诺等。而“目标”常用来指“想要达到的目的或标准”，故而“践行目标”的说法是不妥当的。“某红军师践行强军目标”可改为“某红军师践行强军观念”，或“某红军师践行强军理念”等。

042 “借”是不是简化字

就“借东西等”的“借”来说，“借”不是简化字。表示“借东西等”的“借”是个传承字，古代不乏用例。例如：

（1）（阳虎）尽借邑人之车。（《左传·定公九年》）

（2）有马者，借人乘之。（《论语·卫灵公》）

（3）亭长从人借牛而不肯还之，牛主讼于恭。（《后汉书·鲁恭传》）

（4）就人借书，必手刊其谬，然后反之。（《晋书·齐王攸传》）

（5）借人典籍，皆须爱护。（《颜氏家训·治家》）

“藉（jiè）”在古籍中，表示“凭借”一类意思。例如：

（6）凡耳之闻也藉于静，目之见也藉于昭，心之知也藉于理。（《吕氏春秋·任数》）

（7）不藉公侯之尊。（《史记·秦始皇本纪》）

（8）伊尹佐兴亡，不藉汉父资。（李商隐《井泥四十韵》）

（9）后藉姊兄荫埶，姿极奢靡。（《后汉书·懿献梁皇后纪》）

汉字简化时，将表示“凭借”义的“藉（jiè）”简化作“借”。这就是说，表示“凭借”一类意思时，在简化字文本中，要写成“借”，而不能写成“藉（jiè）”。这或许是汉字简化时，由于表“凭借”的“藉（jiè）”跟表“借东西等”的“借”音同义近，因而采取了“同音代替”的简化方式。故而，在表示“凭借”时，“借”是“藉（jiè）”的简化字。

当下，在表示“凭借”“假托”一类意思时，有人错误使用了“藉（jiè）”。例如“藉（jiè）此机会，我向你们表示热烈的祝贺”中的“藉（jiè）”就是这种误用。因此，在简化字文本中，应当注意表示“凭借”一类意思时，要用简化字“借”，不要用繁体字“藉（jiè）”。反过来说，若把简化字改为繁体字，如表“借东西”，仍写“借”；如表“凭借”“假托”等，宜写“藉”。

另外，在简化字文本中，“狼藉（jí）”“慰藉（jiè）”“蕴藉（jiè）”中的“藉”不简化，仍写成“藉”。

043 “开创了……一页”的说法不妥

某媒体中说：“森严的秦文化之‘法’与浪漫的楚文化之‘意’在汉代篆书里交融，开创了中国书法史上辉煌的一页。”这句话中“开创了……一页”

的说法不妥。

“开创”一般表创建。例如：

（1）这个企业实行了新的用人制度和培训制度之后，便开创了一个发挥员工积极性的新局面。

（2）这个老字号开创于上世纪初叶，当时设备还比较简陋。

（3）虽然上次创业失败了，但老刘毫不灰心，决心开创新的养殖事业。

（4）李家村不光养老院办得好，还开创了尊敬老人、村民互助的好风尚。

从上面的例子可以看出，“开创”的对象，一般是局面、企业、事业、风尚等，故而“开创……一页”的说法不妥。这句话的宾语是“一页”，可改为下面一类说法：

（5）翻开了中国书法史上辉煌的一页。

（6）掀开了中国书法史上辉煌的一页。

（7）揭开了中国书法史上辉煌的一页。

044 “凯旋”后面需要加“而归”吗

“凯旋”中的“凯”原本指军队得胜回来奏的乐曲，也用来借指胜利或成功。“凯旋”中的“旋”的意思是“返回，回来，归来”。因此，“凯旋”的意思是“战胜归来”或“胜利归来”。例如：

（1）人们手举鲜花，欢迎凯旋的奥运健儿。

（2）这支部队凯旋后，奉命驻守在西南边陲。

由于“凯旋”指“得胜归来”，也就是说，已经包含了“归来”的意思，因此“凯旋而归”“凯旋归来”及“胜利凯旋”的说法就显得有些重复啰唆。但是，现在说“凯旋而归”“凯旋归来”的比较常见。因此，当我们自己写文章的时候，最好不这样说，如果别人的文章里这样说，也不宜算错。

045 “可望而不可即”还是“可望而不可及”

有人问，应写“可望而不可即”还是写“可望而不可及”。现在一般写作“可望而不可即”（见《现代汉语词典》）。

“可望而不可即”的意思是只能够望见而不能够接近。或者说，只能从远处望着，而不能接近。人们常用“可望而不可即”来形容看起来似乎可以达到而实际上很难达到的情况。例如：

（1）他知道，这如同海上仙山，可望而不可即。

（2）攀上科学高峰，对我国科学工作者来说，绝不是可望而不可即的。

“可望而不可即”中的“即”是靠近、接近的意思。“若即若离”中的“即”也是这个意思。

046 “枯草在寒风中萧瑟”的说法不妥

某媒体中说：“此时坝上已进入深秋，枯草在寒风中萧瑟，白桦树已剩下光秃秃的枝叶……”其中“枯草在寒风中萧瑟”的说法不妥。

“萧瑟”有两个意思，一个是表示风吹树木的声音，这时是拟声词。表示这个意思的“萧瑟”常见的用法是出现在“秋风萧瑟”一类说法中。

“萧瑟”的另一个意思是“冷落”“凄凉”，这时是形容词。例如：

（1）这几年，他已经门庭萧瑟，找他的人不多了。

（2）此时天气已经挺冷了，花园里呈现出一派萧瑟景象。

（3）除夕下午，人们都回家过年了，农贸市场里一片萧瑟的境况。

（4）深秋时节，树木凋零，在林子里散步，给人一种萧瑟之感。

“枯草在寒风中萧瑟”中的“萧瑟”不能表示“风吹树木的声音”，也不能表示“冷落”或“凄凉”的意思。因为“枯草在寒风中冷落”的话语有些不通，而且，汉语中“在……中”的说法，如果中间是名词性成分，多表示条件、范围、角度等，“在……中”后的话语则表示发生了什么。例如：

（5）中国人民在抗美援朝战争中制止了帝国主义侵略者的凶焰。

（6）在抗震救灾的工作中，他加入了中国共产党。

“在……中”后面一般是动词性词语，表示在前面所说的条件中，发生了什么事情。而“萧瑟”没有动词用法，因此，“枯草在寒风中萧瑟”的说法是不妥当的，不符合普通话的一般说法。

揣摩原句，作者或许是想说，“枯草在寒风中颤抖”一类意思。如果是这样，“枯草在寒风中萧瑟”中的“萧瑟”可改为“颤抖”“战栗”一类说法。

047 “乐和”“乐呵呵”的写法

“乐和（lèhe）”指快乐，高兴。例如：

（1）过春节了，咱们吃点儿饺子，喝点儿酒，乐和两天。

（2）小两口和和睦睦，日子过得挺乐和。

“乐呵呵（lèhēhē)”指高兴的样子。例如：

（3）他整天乐呵呵的，心态挺好。

（4）老王乐呵呵地说：“那太好了，你明天来吧。”

“乐和”不宜写成“乐呵”。现在的工具书一般都采用“乐和”而不采用“乐呵”的词形。虽然《汉语大词典》中有“乐呵”的词形，但该词典是着意收录书证的工具书，不是着意于规范的工具书，而且仅举出周立波1948年创作的《暴风骤雨》中的一个例子。

“乐呵呵”不宜写成“乐和和”。跟“乐呵呵”的说法相似，还有“乐乐呵呵”的说法。这两个词语一个是ABB式的，一个是AABB式的。而“乐和”的重叠式是“乐和乐和”。例如：

（5）这事儿真让人高兴，去买瓶酒，再炒俩菜，咱们乐和乐和。

048 “愣头小子”还是“楞头小子”

某媒体中说：“七八个乡下楞头小子团在一起做着未必能实现的城市梦。”其中的“楞”宜写成“愣”。

在1955年发布的《第一批异体字整理表》中，“愣”曾作为“楞”的异体字被淘汰。1988年发布的《现代汉语通用字表》中，恢复了“愣”字，“愣”成为规范字。竖心旁的字往往跟人的心理活动有关，表示“发呆”“鲁莽”等意思用“愣”，也容易记忆。由于恢复了“愣”，此后“楞”便不再有lèng的读音和意思。

因此，表示“发呆”“鲁莽”等意思，要用“愣”而不宜用“楞”。例如：

（1）这孩子是个愣头儿青，你要好好劝劝他。

（2）他见新来的伙计愣头愣脑的，便没跟伙计搭话，直接向老板走去。

（3）李小姐坐在窗前发愣，张大妈走过去递给她一杯茶。

（4）小张听到后面似乎有声音，他刚一愣神儿，一支飞镖嗖地飞了过来，擦着头皮飞了过去。

（5）虽然知道难度非常大，整个团队仍然坚持不懈，愣是突破了这项关键技术，取得重大科研成果。

（1）至（5）中的“愣”都不宜写成“楞”。

“楞”字现在只读léng，用于地名，如“渍楞”，也用于音译词，如“色楞格河”。另外，少数词语中习惯用“楞”，如“瓦楞”等。

049 “连接各族人民的精神纽带”中的“连接”宜改为“联结”

某媒体中说：“她哺育滋养了各族儿女，以博大的胸襟大开大合，成为连接各族人民的精神纽带。”这句话里的“连接”宜改为“联结”。

“连接”指“衔接”。例如：

（1）两座山在这里连接起来。

（2）东西方向和南北方向的两条铁路在这个车站连接起来。

（3）两根电线已经被接线员连接起来，现在可以通话了。

（4）向西去的两条公路在前方 80 里处相连接。

（5）十节车厢连接在一起，成为一趟列车。

“联结”则指“结合在一起”。例如：

（6）发达的公路网和频繁的物资交流，把这座城市的城区跟农村地区联结在一起。

（7）现在，该地区的电网已经跟国家电网联结起来了。

（8）把他们联结起来的是骨肉亲情。

（9）该导弹车的信息系统跟发射系统已经联结完毕。

（10）战争与和平既互相排斥，又互相联结，并在一定条件下互相转化。

从上面的例子可以看出，“连接”侧重于“接”，主要用来指事物互相衔接。“联结”则指事物的联系、结合，“联结”的事物往往形成一个整体。例如（6）中城市的城区跟农村地区联结后，形成一个整体，（7）中的某地方电网跟国家电网联结后，形成一个整体。

“连接各族人民的精神纽带”，是指把各族人民的思想情感联系、结合在一起，从而形成中华民族这个整体的精神纽带。因此其中的“连接”宜改为“联结”，说成“联结各族人民的精神纽带”。

顺便指出，“连接”不宜写成“联接”，这两个词是一组异形词，“连接”是《第一批异形词整理表》推荐使用的词形；“联结”不宜写成“连结”，这两个词也是一组异形词，“联结”是《第一批异形词整理表》推荐使用的词形。

050 “流线型”不宜写成“流线形”

“流线形”的写法不规范，宜写成“流线型”。《现代汉语词典》《辞海》等工具书上有“流线型”而无“流线形”。

“流线型”指“前圆后尖，表面光滑，略像水滴的一种形状”。按照这种类型设计出的外形，在流体中，例如在空气、水中阻力最小。飞机、汽车、潜艇等的外形常设计成流线型。例如：

（1）这辆汽车的流线型外形使得它在空气中的阻力较小，时速很高。

（2）现在的火车速度很高，所以车头多设计成流线型。

（3）这架无人机是流线型的，飞得很快。

“形”跟“型”有所不同。“形”常用来指形状。例如：

（4）这片草地是圆形的，处于街心，车辆从它的四周绕行。

（5）树上画着一个三角形的符号。

（6）你的饭盒是长方形的，跟别人的很像，别拿错了。

“型”则指“类型”。例如：

（7）这是一种新型的收割机，效率很高，收割得也比较干净。

（8）这些大型设备是我国自己研制出来的，已经投入生产了。

（9）我们美容店不会做这种发型。

“流线型”的物体外形，具有“前圆后尖，表面光滑，略像水滴”的特点。就“形”字而言，可以说某物体的外形是“圆形的”“方形的”“三角形的”“长方形的”等，而不宜说外形是“流线形”的，因为“流线”是一种类型，不是一种简单的形状。在1937年出版的《国语辞典》中，也只有“流线型”而无“流线形”。

同样，“创造型人才”不宜写成“创造性人才”。“创造型人才”是指具有创造性的这一类人才。

051 “馏馒头”还是“熘馒头”

某媒体中说：“熘馒头，排骨炖白菜……大馒头也熘出一锅又一锅，用大棉被捂严实。”其中的两个“熘”应写成“馏”。

“馏”读四声 liù，是口语中常用的词语，意思是“把凉了的熟食蒸热”。例如：

（1）我炒菜，你把这几个馒头馏一下，当主食。

（2）这是中午剩的几个包子，馏一馏再吃。

（3）这碗饭凉了，我给你馏馏吧。

“熘”读一声 liū，是一种烹饪方法，指菜肴炒或炸后出锅前，加入调好味的淀粉汁，急火翻炒。例如：

（4）今天中午吃熘肉片、烧茄子，主食是大米饭，怎么样？

（5）我妈的熘肝尖做得特别好吃。

（6）这家餐厅虽小，但熘鱼片做得挺有名，咱们去尝尝。

（7）再来个醋熘白菜吧，谢谢。

“馏”跟“熘”虽然都是动词，但读音和意思都不相同。“馏馒头”是表示把凉馒头蒸热，其中的“馏”，不应写成“熘”。

052 “啰里啰唆”还是“罗哩罗嗦”

某媒体中说：“听完我一番罗哩罗嗦的解释，他们也觉得这个现象很有趣……”其中“罗哩罗嗦”的写法不妥。

按照《现代汉语词典》推荐的词形，宜写“啰唆”，而不宜写“啰嗦”。“一番罗哩罗嗦的解释”中的“罗嗦”的“罗”是误写，因为“罗”只读二声 luó，不读一声 luō。而“啰唆”一词中的“啰”是读一声 luō 的。故此“啰唆”中的“啰”不宜用“罗”代替。

的确，在 1964 年的《简化字总表》中，繁体字“囉”曾简化为“罗”，但是在 1986 年重新发表的《简化字总表》中，繁体字“囉”依简化偏旁“罗”类推简化为“啰”。因此，宜写“啰唆”，不宜写“罗唆”或“罗嗦”。

另外，在“A 里 AB”等形式的词语中，作为凑音节的字，一般用“里”，不宜用“哩”。例如在《现代汉语词典》中，有“怪里怪气”“噼里啪啦”“稀里糊涂”“稀里哗啦”“稀里马虎”等词语，其中都用“里”而不用“哩”。《现代汉语常用词表》中有“慌里慌张”“妖里妖气”等词语，其中也用“里”。

因此，“罗哩罗嗦”宜写成“啰里啰唆”。

053 “贸然”还是“冒然”

“贸然”是“冒冒失失地、轻率地”的意思。“贸然”是副词，只做状语。例如：

（1）在没有了解清楚情况之前，你们不要贸然采取行动。

（2）不宜贸然下结论，先观察观察，多掌握些第一手材料。

（3）如果让他贸然行事，必定把事情搞坏。

（4）假若我贸然同意他的意见，恐怕此后会出现一些意想不到的问题。

“冒然”跟“贸然”的读音和意思完全相同，两者是一对异形词。过去曾有用“冒然”表示“冒冒失失地、轻率地”的用法。例如：

（5）假如昨日没个商量，人家就这么冒然到门口儿，说安某人送弹弓儿来了……你见人家不见？（《儿女英雄传》第十九回）

（6）她急着想把这件事儿告诉男人，又不敢冒然地跑到地里去。（浩然《艳阳天》第一三〇章）

现在人们一般用“贸然”表示“冒冒失失地、轻率地”的意思，而不用“冒然”表示这个意思。因此，宜用“贸然”，不宜用“冒然”。现在的工具书，例如《现代汉语词典》等，多以“贸然”为推荐词形，且不出现“冒然”的词形。有的工具书还特别指出，“贸然”的“贸”不写作“冒”。

054 “么”不宜做表疑问的语气词

某媒体中说：“世界上有这样的老板么？”这句话中用“么”做表疑问的语气词。这种做法不妥。

《现代汉语词典》第5版解释“么”时说：“同‘吗’（·ma）。”根据这种说法，“么”可以代替“吗”用作表示疑问的语气词。过去的确有这种用法。例如：

（1）南斋宿雨后，仍许重来么？（贾岛《王侍御南原庄》）

（2）斜日绿阴枝上噪，还又问：是蝉么？（辛弃疾《江神子·闻蛙蝉戏作》）

（3）小娘子莫非莺莺小姐的侍妾么？（王实甫《西厢记》第一本第二折）

（4）中国突然出了这许多“儿童文学家”了么？（鲁迅《且介亭杂文·看图识字》）

在《现代汉语词典》第6版中，对这一说法进行了调整，改为：“旧同‘吗’（·ma）。”

这句话的意思是，过去“么”有跟“吗”相同的用法，但是现在不这样用了。也就是说，根据《现代汉语词典》第6版的规定，用“么”来代替“吗”做语气词，是一种不规范的用法。

某媒体中说的“世界上有这样的老板么”这句话宜改为“世界上有这样的老板吗”。

另外，“这么”“那么”“要么”也可以写成“这末”“那末”“要末”，但现在分别以“这么”“那么”“要么”为规范词形。

055 “名单附后”还是“名单后附”

一位做文秘工作的同志问，应该写“名单附后”还是写“名单后附”。“附后”是一个常用词，故而在《现代汉语常用词表》（商务印书馆，2008年）中有“附后”一词。该表中没有“后附”。

《现代汉语规范词典》收录了“附后”，释义为：“因有某种联系而附带着放在后面（多用于文字材料）。”所举的例子是“参考书目附后”。该词典也未收录“后附”。

可见，“附后”是常见说法，“后附”则较少见。

“名单附后”跟“名单后附”两种说法，实际应用中的数量差别很大。在人民网上搜索，发现“名单附后”有860条，而“名单后附”仅有8条。因此，在公文写作中，宜采用常用词“附后”，并根据社会语文生活中普遍采用的说法，写成“名单附后”。

056 “那么地好”还是“那么的好”

在书面语中，状语跟中心语之间加“地”，定语跟中心语之间加“的”。“那么”跟“好”组合的时候是状语还是定语呢?

“这么”“那么”是指示代词，也就是说“那么”是代词。汉语中的代词根据用法，都分别相当于某类词，例如人称代词“你”“我”相当于名词，疑问代词“怎么样”相当于形容词。“这么”“那么”则相当于副词。而汉语中的副词只能做状语。因此，“那么好”是个状中结构，中间加de时，要写成“那么地好”而不宜写成“那么的好”。“那么”后带其他词语时，也宜看成状中结构，其中宜用“地”。

057 “感到特别的亲切”中的“的”宜为“地”

某媒体中说：“生长在湖南，熟悉湘北丘陵地带乡村的我，对那样的农家小景感到特别的亲切。”其中的“特别的亲切”里的“的”宜改为“地”。

这句话里的“我”是主语，“对那样的农家小景感到特别的亲切”是谓语部分，“特别的亲切”是状中结构，因此宜写成“特别地亲切”。这时“特别”是“很”的意思。也就是说，在状语“特别”和中心语“亲切”之间，宜用“地”，不宜用“的”。

顺便提及，常见的“渐渐”是副词，因此“渐渐”跟后面的成分总是“状中”关系，因此“渐渐”后宜用“地”，不宜用“的”。例如：

（1）天气渐渐地暖和起来了。

（2）马路上的自行车渐渐地少了。

（3）火车渐渐地驶进站台。

“猛”表示“忽然，突然”的意思时是副词，其后也宜用“地”。例如：

（4）汽车呼啸着冲过来，她猛地推开孩子。

（5）他猛地喊了一声，把我吓了一跳。

（6）在梦中，我正要喝一杯茅台酒，猛地醒了过来。

“忽地”是副词，表示“忽然，突然”的意思。其中的“地”不宜写成“的”。例如：

（7）他忽地拔出一把宝剑，舞了起来。

（8）这时，忽地下起大雨，我们只好暂避一时。

（9）灯忽地灭了，看来是停电了，我摁亮了手电。

汉语中的副词只做状语，也就是说副词总是处于状中结构中，而不会处于定中结构中，因此副词后要用“地”而不宜用“的”。

058 “风起于青蘋之末”中的“蘋”字

“风起于青蘋之末”中的“蘋”，有的人写成“苹”，有的人写成“萍”，还有人写成“蘋”。哪种写法正确呢？

在简化字文本中，这里的“苹”“萍”“蘋”三种写法都不正确，应写为“蘋”。这句话出自《文选·宋玉〈风赋〉》，其中说：“夫风生于地，起于青蘋之末。”

“蘋”有两个读音。一个读音是 píng。读 píng 的“蘋”指苹果。例如《广群芳谱·果谱四》中说：“蘋（苹）果，出北地燕、赵者尤佳。”读 píng 的“蘋”20 世纪 50 年代简化为“苹”。

“蘋”的另一个读音是 pín，“蘋”读 pín 时，指一种多年生的蕨类植物。“蘋（pín）”的茎横卧在浅水的泥中，叶柄顶端生出四片小叶浮在水面上，像“田”字，故称“田字草”，也叫“四叶菜”。

在 1964 年 5 月发表的《简化字总表》中，“蘋”的简化字是“苹”。因此有的人据此写“起于青苹之末”。但是，在 2013 年 6 月发布的《通用规范汉字表》中的三级字表中有“𬞟”。对此，《通用规范汉字字典》（商务印书馆，2013 年 7 月第 1 版）解释说：“《通用规范汉字表》确认（蘋）用于表示蕨类植物名时简化作‘𬞟’，不简化作‘苹’。”也就是说，表水草类植物时，“蘋（pín）”不简化为“苹”，要写成类推简化的“𬞟（pín）”；表苹果时，“蘋（píng）”简化成“苹”。“青𬞟（pín）之末”是指“青𬞟（pín）”的稍端，即叶尖。

另外，根据《现代汉语词典》《新华字典》《通用规范汉字字典》等权威工具书，“苹”现在只用于“苹果”一词，不表示其他意思；“萍”现在表“浮萍”，如“萍水相逢”，也用于姓氏。

059 “掐架”还是“齣架”

《现代汉语词典》第 5 版有“齣架”一词。媒体上多写成“掐架”。“掐架”这种写法是否正确呢？

“齣（qiā）”是“咬”的意思。“齣架”是互相争斗的意思。“齣”是个生僻字，在《通用规范汉字表》中，没有这个字，人们在电脑上一般也敲不出来。因此，媒体上多写成“掐架”。

“掐”常用来指用拇指和另一指头使劲捏或截断。例如：

（1）别在公园里掐花儿。

（2）这儿不能抽烟，抽烟的同志请把烟掐喽。

但“掐”在北方话口语里也有“争斗”的意思。因此《现代汉语词典》第6版，给“掐”增加了一个义项，“指争斗”。所举的例子是“两人因一点儿小事掐起来了”。再如：

（3）几句话不和，这俩人又掐起来了。

（4）他俩到一块儿就掐。

（5）咱们内部就别掐了，讨论一下具体办法吧。

因此，“掐架”的写法是能够成立的。“掐”是个常用字，《通用规范汉字表》的一级字中有“掐”字。“掐”也很容易在电脑上打出来。因此，“掐架”的写法是一种既可行又有理据的写法，是正确的选择。故而人们一般都不按照《现代汉语词典》中的写法写“齣架”而写“掐架”。这是完全可以理解的。例如：

（6）你们俩别掐架了，有事儿多商量不好吗？

（7）这两口子又掐架了，你快去劝劝。

（8）别跟弟弟掐架，你是哥哥，多让着点儿。

060 “牵牛鼻子”还是“抓牛鼻子”

媒体上有说“抓住了……牛鼻子”的，也有说“牵住了……牛鼻子”的。比较起来，“牵住了……牛鼻子”的说法比较妥当。这跟这种说法的来源有关。

自古以来，农民用牛耕田。为了便于牵牛，农民往往给牛鼻子穿上圆环，并在圆环上绑上绳子。这样，牵牛的时候，只要拽住这根绳子，或者直接拉住圆环，就能很容易把牛牵走了。

后来，在语言的运用中，人们常常用“牵住了……牛鼻子”来比喻“抓住了某件事情的关键或要害”。例如：

（1）全力解决好修筑公路问题，就牵住了全村尽快脱贫致富的牛鼻子。

（2）下大力气彻底治理这条河的严重污染，就牵住了本县环保工作的牛鼻子。

（3）各部门通力合作，尽快建立健全有关法规，便牵住了减少此类纠纷的牛鼻子。

（4）搞好自主创新，必然牵住了我们企业持续发展的牛鼻子。

（5）加强语文训练的实践性环节，无疑牵住了提高学生语文素质的牛鼻子。

在《现代汉语词典》中，有“牛鼻子”这一词条，该词条的例句是：“弄清词义古今异同的情况，就牵住了学习古代汉语的牛鼻子。”《辞海》中有“牵住敌人的牛鼻子”的例句。

《汉语大词典》中，有“牛鼻子”的词条，该词条的一个义项是：“牛的鼻子。常比喻事物的要害或关键。”所举出的例子有：

（6）我们牵着敌人的牛鼻子转了两三圈了，这一次它又来了吧？（陈其通《万水千山》第三幕）

（7）实行经营管理的责任制，就是牵住了商业工作的牛鼻子。

另外，在《中国俗语大辞典》（上海辞书出版社，2011年）、《汉语成语大全》（商务印书馆国际有限公司，2011年）等工具书中，有“牵牛鼻子”而无“抓牛鼻子”。

“抓住了……牛鼻子”，易使人理解为用手去抓住牛的鼻子，这显然是不合事理的。因此，宜说成“牵住了……牛鼻子”。

061 “前款”的正确用法

某法规中说：“第十三条　……抢险救灾所耗费用由中央财政负担。军队参加地方人民政府组织的抢险救灾所耗费用由地方财政负担。前款所指的费用包括：购置专用物资和器材费用……”其中的“前款”使用不当。

在法规文本中，“前款”一般用来指前面一款。“条”下的每一段是一款。加序号的并列成分则是“款”里所包含的“项”。“前款”不宜用来指称同一段内的词语。下面是正确使用“前款”的例子：

第一百四十三条　公司不得收购本公司股份。但是，有下列情形之一的除外：

（一）减少公司注册资本；

（二）与持有本公司股份的其他公司合并；

（三）将股份奖励给本公司职工；

（四）股东因对股东大会作出的公司合并、分立决议持异议，要求公司收购其股份的。

公司因前款第（一）项至第（三）项的原因收购本公司股份的，应当经股东大会决议。公司依照前款规定收购本公司股份后，属于第（一）项情形的，应当……

指同一段内的词语时，可以说成“这里所指 ××”，也可以说成“该 ××”。因此，“前款所指的费用包括”宜改为“这里所指费用包括……”或“该费用包括……”。

062 “亲力亲为”的写法和含义

“亲力亲为”中的“亲”是“亲自”的意思，表示动作或行为是由自己发出的。“亲力亲为”是说“不依靠别人，自己亲手做”。例如：

（1）这位村干部在推广养殖业时，都亲力亲为，首先做出样子，取得效益，然后才向乡亲们介绍该项目。

（2）做这些事情，必须亲力亲为，方能有真实的感受，否则只能获得间接的体会，理解不深入。

（3）他的责任心很强，许多事情都亲力亲为，不让别人代劳。

（4）你今后不要什么事情都亲力亲为，这样不仅太吃力，也不利于调动其他几位委员的积极性啊。

从上面的例子可以看出，“亲力亲为”是指做事情靠自己的力量去做，亲自动手去做。“亲力”指用自己的力量去做，“亲为”也是指用自己的力量来做，两者在语意上是搭配的。

也有人把“亲力亲为”写成“亲历亲为”。其中的“历”是“经历”的意思，这就跟“亲力亲为”所要表达的用“自己的力量”不一致了。也就是说，“亲力亲为”不是指“亲身经历，亲自去做”，而是指“用自己的力量，亲自去做”。因此写“亲力亲为”是妥当的。

063 “然后”的正确使用

“然后”是连词，用于复句后面的分句里，表示在某一件事情之后，又发生了另一件事情。例如：

（1）如果我们按照教科书，找到什么是文学，什么是艺术的定义，然后按照它们来规定今天文艺运动的方针……

（2）代表团定于今日离京前往上海，然后赴广州参观访问。

在语言的实际运用中，人们常常在复句的前一分句里用“首先”“先”跟后面分句里的“然后”相搭配。例如：

（3）咱们首先学习一下文件，然后讨论具体的操作步骤。

（4）首先要对村子里的情况进行深入的调查研究，然后再确定重点发展的项目。

（5）这些种子先在试验田里试种，然后根据情况决定是否推广。

（6）他先带我去了万佛洞，然后领我去了一个很幽静的山谷。

使用“然后”的句子，一般有时间的先后：前面分句说出的情况或动作在先，有“然后”的分句说出的情况或动作在后。有的时候，这种句子还包含了前面所说的事情是后面所说事情的条件的意味。例如（5），再如：

（7）我们调查工作的主要方法是解剖各种社会阶级……，明了各种阶级的相互关系，得到正确阶级的估量，然后定出我们正确的斗争策略……（毛泽东《反对本本主义》）

从上面的分析可以看出，“然后”是一个连词，多出现在复句中第一个分句之后的分句中，一般不出现在复句第一个分句里，也不出现在单句中。如果在单句的开头或者复句的前一个分句里使用“然后”，显然是一种误用。

有的学生在口语表达中连续使用“然后”，说“然后……然后……然后……”。这里的“然后”，其实是口头禅，说的时候，嘴里的一连串“然后”跟句子所要表达的意思往往没有关系。还有人爱说“嗯……嗯……嗯……”，有人爱说“所以……所以……所以……”，有人爱说“后来吧……后来吧……后来吧……”，等等。

说话人口吐这类口头禅的时候，往往是在延宕时间，以便思索此后的话语，让语流接续上。这是口语表达中的瑕疵。学生尤其要克服这个缺点，平时要多进行口语训练；演讲或表达后，让老师和同学帮自己挑挑毛病；陈述之前多思考，把问题想深想透，记清楚，作好充分准备，以摒除口头禅之类的冗词赘句。

064 人民币上的￥是什么意思

1955 年 3 月 1 日，中国人民银行发行第二套人民币时首次正式确定人民币的符号。因为人民币单位为“元”，而“元”的汉语拼音是 yuán，因此，人民币符号就采用“元”字汉语拼音首字母的大写 Y。在 Y 字上加上等号的两横，表示人民币等于多少元，而写成￥，读音仍为 yuán。

人民币符号￥的书写顺序为：先写大写字母 Y，再加上两横，写成￥。

在逐位填写金额的表格中用阿拉伯数字填写金额时，在金额首位之前加一个￥符号，既可防止在金额前添加数字，又可表明是人民币的金额数量。由于￥本身表示人民币的单位“元”，所以，凡是在金额前加了￥符号的，金额后就不需要再加“元”字了。

065 “沙石”跟“砂石”

有人问，在某媒体上看见“沙石”，在另一媒体上看见“砂石”，两种写法有什么不同。

的确，在社会语文生活中，存在“沙石”和“砂石”两种写法。这两种写法的意思是相同的，都指“沙子和石头”。“沙”用于“沙土”“沙砾”等词语，指沙子。“砂”则常用于特殊领域，例如“砂布”“砂锅”等。另外，“飞沙走石”等词语中，跟“石”对应的是“沙”。因此，现在我们在词语的使用中，使用“沙石”的写法比较妥当。

066 “深意”不宜写成“深义”

某媒体中说：“这就是所谓的‘孤独’的深义吗？”

其中的“深义”用得不妥。

表示“深刻的含意”的意思，宜用“深意”。例如：

（1）文章中的这句话确有深意，值得体味。

（2）其中的深意还是耐人寻味的。

（3）先生的话不多，但颇有深意。

在《汉语大词典》《现代汉语词典》《当代汉语词典》等工具书及《现代汉语常用词表》中，有“深意”而无“深义”。因此宜写“深意”，不宜写“深义”，这是个词形规范问题。因此，“‘孤独’的深义”宜写成“‘孤独’的深意”。

067 “甚至”可以出现在并列关系的分句中吗

某媒体中说：“人们可以在网上读新闻、听音乐、看电影；可以和天南海北的朋友聊天、游戏；可以在家里听老师上课，或者在网上查阅资料，并向国内外专家请教；还可以在家里上班、开会；甚至可以足不出户逛‘网上商场’，用‘电子钱包’付款，让商店把东西送到家中……”有位老师问，“甚至”表递进的关系，而这里的几个分句是并列关系，用“甚至”是否妥当。

“甚至”常用来表示递进关系，这时它往往用于递进关系复句的后一分句的开头。在前一分句中，常有“不但”“不仅”与之配合。例如：

（1）这个地方以前不但没有水浇地，甚至吃的水也要从几十里外挑来。

（2）在这个小渔村，不仅大人，甚至连六七岁的孩子都会游泳。

“甚至”有时也用在语意为并列关系的句中，或者并列分句的最后一项。其作用是突出这一项。例如：

（3）那时候，他们还受着封建制度甚至农奴制度的束缚。

（4）在大中城市，在县城乡镇，甚至在广阔的农村，都流传着这个动人的故事。

（5）他有着宽容大度的胸襟，装得下五颜六色的事情，容得下各种各样的人，甚至能忍受各种误解和委屈。

从（3）至（5）可以看出，“甚至”一般用于并列成分的最后一项的开头，使用“甚至”后，最后一项得到了突出。

068 “私人订制”宜写成“私人定制”

某媒体中说：“思梦口中的‘私人订制’，是苏州港大思培学院的一项办学改革。”其中的“订制”使用是否妥当呢？

这篇文章中说：“私人订制方案的实施，目的就是为每个学生搭建成才的‘立交桥’。”这就是说，该文章中说的“私人订制”，是指按照每个学生的不同情况来进行教育。按照这个意思，其中的“订制”宜写成“定制”。“定制”有“专门为某人或某事制作”的意思。也就是说，“定制”可以用来表示按照某人或某事的具体要求或者根据某人、某事的具体特点来制作。在这一点上，“定制”跟“定做”的意思是相同的。例如：

（1）老王昨天定制 / 定做了一双皮鞋。

（2）这个篮球运动员个子太高了，他的床是定制 / 定做的，比一般的床要长些。

（3）他用的家伙都是特别定制 / 定做的，比别人的都大一半。

（4）这套服装是为这位歌唱家量身定制 / 定做的。

（5）他为妻子定制 / 定做了一个生日蛋糕。

（1）至（5）中可用“定制”，也可用“定做”。但是，“定制”跟“定做”有一点不同，就是“定做”口语中说得多些，而“定制”有书面语色彩，多用于书面。

069 “诵读”不应写成“颂读”

有的人将“诵读”写成“颂读”。

“诵读”是出声地读的意思。例如：

（1）这些学生正在诵读传统经典诗文。

（2）老周正在高声诵读《五柳先生传》。

（3）李老师正带领学生诵读课文。

“诵读”中的“诵”是出声念的意思，“诵读”中的“读”也指出声念。这里的“诵”跟“读”是同义的，故而“诵读”是个同义联合型的合成词。

“颂”是“颂扬”的意思。因此“诵读”中表示“出声念”的“诵”不宜用“颂”来替换。表示出声读时，写“诵读”，采用“颂读”的写法是不妥当的。《现代汉语词典》等工具书中有“诵读”一词。

070 “蒜薹”还是“蒜苔”

在菜市场上常看见“蒜苔”的写法。其实应该写成“蒜薹”。

“苔”字有两个读音，一个是一声 tāi，另一个是二声 tái。“苔”读一声 tāi 时，用于“舌苔”一词。例如：

（1）中医看病的时候，要看看病人的舌苔。

（2）这两天孩子的消化不好，舌苔有点厚。

“苔”读二声 tái 时，用于指苔（tái）藓植物。例如：

（3）墙根下很潮湿，有些青苔，你走过这里要小心点儿。

（4）应怜屐齿印苍苔，小扣柴扉久不开。（叶绍翁《游园不值》）

“薹（tái）”则指蒜、韭菜、油菜等从中央部分长出的长茎。例如：

（5）我很喜欢吃蒜薹炒肉。

（6）你尝尝，油菜薹挺好吃的。

“苔”没有蒜、韭菜、油菜等从中央部分长出的长茎的意思。因此宜写“蒜薹”“韭薹”“油菜薹”等，不宜写“蒜苔”“韭苔”“油菜苔”等。另外，“苔”也不是“薹”的简化字。

071 “他 ×”不宜写成“它 ×”

某媒体中说：“其中在中华民族历史上的重要性绝非它河可比。”这句话里的“它河”宜写成“他河”。

“绝非他河可比”是说，绝非其他的河可比。“他”有“另外的”“其他的”的意思。例如：

（1）这是他人的事情，跟我没关系。

（2）今天简直是他乡遇故知啊。

（3）待到他日你取得成功，我一定请你喝酒。

“它”是代词，用来指代人以外的事物。例如：

（4）它是一只刚刚两个月大的小熊猫。

（5）这只小鹿好像饿了，你给它喂点儿吃的吧。

（6）这种植物我没见过，它的叶子很像梨树的叶子。

（7）它的根扎得很深，大约有四五尺。

（8）这块玻璃脏了，你把它擦擦。

“它”没有表示“其他的”的意思。因此表示这类意思应用“他”，不宜用“它”。

072 “同人”与“同仁”

“同人”用来称在同一单位工作的人或者同行业的人。“同人”含有书面语色彩和尊敬意味。“同人”也写作“同仁”，二者是异形词关系。

《现代汉语词典》有“同人”“同仁”这两个词条，但处理不同。该词典在“同人”条作了解释，而在“同仁”条则说“同‘同人’”。这种处理方式清晰地表明，该词典认为这两个词是一组异形词，且推荐使用“同人”。

从目前的社会使用来看，似乎采用“同仁”写法的更多些。根据这一情况，我们在写东西的时候，宜采用“同人”，但对别人文章里的“同仁”也不必要求改为“同人”。

词典对词形的调整一般总是滞后于社会语文生活的。某种词形的社会选择比较稳定之后，词典方才作出相应的调整。例如，“瞳人”跟“瞳仁”是一组异形词。在《现代汉语词典》第5版中，“瞳人”是推荐使用的写法。后来根据社会使用情况的改变，在《现代汉语词典》第6版中，“瞳仁”成为推荐使用的写法，故而现在宜写“瞳仁”而不宜写“瞳人”。

073 “头发挽在脑后”宜写成“头发绾在脑后”

某媒体中说：“何彩云今年三十七岁，头发挽在脑后。”其中的“挽”字用得不妥。

表示把长条形的东西盘绕起来打成结，宜用“绾（wǎn）”。例如：

（1）他用红线绾成个同心结。

（2）小李用一缕丝线绾成个中国结。

（3）她把头发绾在脑后。

（4）为了工作方便，还是把头发绾起来吧。

因此，“头发挽在脑后”宜写成“头发绾在脑后”。

“挽”用来表示人的动作时，有时表“拉”，例如“手挽手”。有时则表示“向上卷起”，这种用法在口语中多见。例如：

（5）老王一到工地，就挽起袖子干了起来。

（6）他挽起裤腿，下到田里开始插秧。

在现代汉语中，“挽”不用来表示“把长条形的东西盘绕起来打成结”的意思。

074 “头昏脑涨”还是“头昏脑胀”

“涨”跟“胀”的用法不同。

“涨”有两读，读 zhǎng 时，表示水位升高，也用来指物价升高。例如“河水涨了”“水涨船高”“肉价已经不涨了”。

“涨”读 zhàng 时，表示固体吸收液体后体积增大。例如“豆子一泡就涨”“木耳泡涨了”，也指头部充血，例如“头昏脑涨”“一害羞脸就涨得通红”。也用来指超出了计划的数目，例如“原来计划花 500 元，结果花涨了”。

“胀”只读 zhàng，指物体体积增大。例如“膨胀”“热胀冷缩”中的“胀”都是体积增大的意思。“胀”还指“胀”的感觉，例如“喝水太多了，肚子发胀”。另外，“胀”也指身体浮肿，例如“肿胀”。

在古代文献中，“涨”跟“胀”常通用。但是，在现代语文生活中，我们应遵循现在的语文规范，宜按照语文工具书中的相关规定，把这两个字分开来使用。写“头昏脑涨”能体现出“头部充血”的意思。总之，写“头昏脑涨”是正确的。

075 “文辞斐然”还是“文采斐然”

“文辞”常用来指文章。例如

（1）节性（王符）、公理（仲长统）虽文辞斐然，然止于政论。（梁启超《中国学术思想变迁之大势》）

（2）及司马相如游宦京师诸侯，以文辞显于世，乡党慕循其迹。（《汉书·地理志下》）

上面两个例子中的“文辞”都指文章。“文辞”也用来指文章的语言。例如：

（3）隐虽好著述，而文辞鄙拙，芜舛不伦。（《晋书·王隐传》）

从上面的例子可以体悟出，“文辞”不论是指文章，还是指文章的语言，都是指语言，也就是作品的话语。

在现代语言生活中，“文辞”用来指语言的用法比较常见。下面是人民网上的几个用例：

（4）调研的内容，注重的不是虚浮形式、华丽文辞，而是具体措施、实在成效。

（5）校长们以前也作演讲，但面孔没这般鲜活，文辞也没这般生动。

（6）文辞优美，资料翔实，生动立体地介绍了一个全新的张家界。

（7）提醒考生思考的角度，例如可以写成文辞优美、内涵丰富的记叙文。

（8）家谱的内页也全部完好无损，字字可辨，读起来文辞通畅。

“斐然”是形容词，用来形容“有文采的样子”。因此，（1）中的“文辞斐然”，意思是说文章很有文采。在谈到文章的语言时，如果说成“文采斐然”，就成了“文采很有文采”，有些不通。因此，说“文辞斐然”比较妥当。

当然，“文采斐然”的说法有一定流行，因此在倡导使用“文辞斐然”的同时，也不宜将“文采斐然”视为硬伤。

另外，“文采”有个意思是“文学方面的才华”。这个意思显然用于人。而“斐然”还有“显著”的意思，例如“成绩斐然”。

076 “无论……都”中的“都”不宜漏掉

某媒体中说：“每次活动无论多么忙，他一定会抽出时间和前辈们聊一聊，请教一些问题。”

“无论……都”表示一种“无条件”关系，也就是表示在任何条件下结果或结论都不会改变。例如：

（1）无论谁去，都要带上这个背包。

（2）大伙儿无论有什么事儿，都愿意找他商量。

（3）你无论做什么工作，都要认真去做。

（4）无论困难有多大，我们都要克服，勇往直前。

（5）无论是城市还是农村，到处都呈现出一片欣欣向荣的景象。

从上面的例子可以看出，在“无论……都”这一“无条件”关系的复句中，“无论”后面的“都”不宜缺少。有时候，后面用“也”跟前面的“无论”搭配。例如：

（6）无论是什么结果，你也别着急。

因此，“每次活动无论多么忙，他一定会抽出时间和前辈们聊一聊，请教一些问题”宜写成“每次活动无论多么忙，他都会抽出时间和前辈们聊一聊，请教一些问题”。

077 “唏嘘”的用法

有人问，“唏嘘”是否只表示“抽泣”。

“唏嘘”也写成“欷歔”，现在一般写成“唏嘘”。“唏嘘”有两个意思，一个是“叹息”，另一个是“抽泣”。例如：

（1）这部历史题材的电视剧内容深刻，看后令人唏嘘感慨。

（2）每回忆起当年社员的艰苦生活，大家都唏嘘感叹不已。

（3）这个故事的结尾出人意料，人们不禁为主人公的命运扼腕唏嘘。

（4）看到这里，许多观众都不禁唏嘘涕零。

（5）孩子的母亲得到这个消息，抑制不住内心的悲痛，唏嘘不已。

（6）她一阵唏嘘后，眼里仍挂着泪水。

上面的例子中，（1）至（3）中的“唏嘘”表示“叹息”；（4）至（6）中的“唏嘘”表示“抽泣”。

再如，《二十年目睹之怪现状》第六十五回中说的“说时不住的唏嘘叹息”中的“唏嘘”是“叹息”的意思，而茅盾《昙》中说的“她几次从梦中唏嘘醒来，泪痕尚挂在眼角”中的“唏嘘”则是“抽泣”的意思。

078 “下功夫”还是“下工夫”

原先，在《现代汉语词典》第5版的词条中，有“下工夫”，而无“下功夫”。后来，在《现代汉语词典》第6版的词条里，有“下功夫”而无“下工夫”。这表明，该词典对这组异形词的规范写法进行了调整，将原先推荐使用的“下工夫”改为现在推荐使用的“下功夫”。

这种调整是有道理的。

首先，从社会语文生活中的实际使用来看，“下功夫”的写法比较多见。例如，国家语委现代汉语平衡语料库显示，前些年媒体上的“下功夫”多于“下工夫”。《现代汉语词典》的调整适应了社会的主流用法。

其次，从“工夫”跟“功夫”的词义上看，“下功夫”的写法更妥当一些。“工夫”只表示时间。例如：

（1）他三天工夫就学会了游泳。（占用的时间）

（2）小刘用一周工夫写好了这篇长篇报道。（占用的时间）

（3）明儿有工夫到我家来玩儿，我给你做糖醋鲤鱼。（空闲时间）

（4）我老想回当年插队的地方看一看，可是老没工夫。（空闲时间）

有时候，“工夫”用来指某个时候，例如：

（5）我当闺女那工夫，结婚仪式跟现在可不一样。

这种用法中的“工夫”实际上是指“某一段时间”。

“下功夫”是指花费的时间和精力。也就是说消耗的不仅是时间，还有精力。因此写成“下工夫”就不能完整地表达出这个意思。而“功夫”则有“（做事）所耗费的时间和精力”的意思（见《现代汉语词典》第6版）。另外，1937年出版的《国语辞典》里，也写作“下功夫”。因此，我们现在宜写“下功夫”，不宜写“下工夫”。

079 “相濡以沫”在社会语文生活中的用法

“相濡以沫”出自《庄子》，原意是说鱼困在缺水的地方，相互吐沫以湿润对方身体。后来人们用“相濡以沫”来比喻在困境中用微薄的力量互相帮助。例如：

（1）爹爹很早就死了。妈妈带着他们三个，相依为命，相濡以沫，什么苦都吃过了。（王安忆《本次列车终点》）

（2）在多次遭受家庭危机的时候，两个人始终相濡以沫，苦难并没有将两个人的爱情击溃，反而让这个家庭变得更加坚强，更加升华了爱的主题。（人民网）

（3）高昂的手术费让他们贫困的家庭望而却步，但夫妻二人一直相濡以沫，他们对生活的乐观也感染了志愿者们，志愿者和她促膝谈心，鼓励她勇敢

面对生活。（人民网）

（4）我和王刚相濡以沫牵手走过的24年里，既体味到照顾伤残丈夫、独挑重担的艰辛与清苦，也感受到了守护军人家庭、支持军队建设的幸福与荣耀。（人民网）

有时候，人们用“相濡以沫”侧重于强调人与人之间的相互关爱，而不一定强调这种关爱是在某种困境中表现出来的。例如：

（5）她特地在情人节前完成这组剪纸作品，借此向与自己相濡以沫几十年的老伴尹波平表达自己的情意。（人民网）

（6）小涵今年18岁，是武汉体院大一学生，爸爸是位中学教师，妈妈从事财务工作，两人结婚以来偶有争吵，但一直相濡以沫。（人民网）

（7）我们的爱情没有轰轰烈烈，却相濡以沫，50多年的点点滴滴，我都珍藏在心里。（人民网）

（8）兵团在开发建设边疆、固守边防的进程中，与各族人民休戚与共，相濡以沫，抵御外侮，平定内乱，捍卫祖国统一，帮助各族人民共建美好家园。（人民网）

（9）周恩来和邓颖超1925年在广州结婚，在半个世纪的风风雨雨里，他们互相关心，互相帮助，相濡以沫，堪称一对模范夫妻。（人民网）

从当下社会语文生活中“相濡以沫”的实际使用情况来说，我们可以用“相濡以沫”来形容困境中的人相互帮助，也可以用“相濡以沫”来形容人们之间，特别是夫妻之间相互关爱、相互帮助的情怀，且话语中并不一定强调处于某种困境之中。

从词语的使用来说，这种情况可以看成词语在社会的实际运用中，使用范围有所扩大。也有人说，可以宽泛地理解“困境”，也就是说，“困境”不一定指某种情况比较严重的困难境地，即使在顺利的日子里，人们也会遇到这样那样的“小麻烦”，形容顺利情境中的互助，也可以用“相濡以沫”。这种理解，也是可以的。因此，“相濡以沫”不用于困境时，不宜算错。

080 “向同学们传承……”的说法不妥

某媒体中说：“侨艺公司的王茹祥专门为暑假的孩子开办了根雕艺术培训班，免费向同学们传承根雕艺术。”

这句话中的“传承”使用不当。

“传承”是“传授和继承”的意思。“传承”中的语素“传”表示“传授”，语素“承”表示“继承”。这个词的意思是由两个语素的意思相加而构成的。例如：

（1）木雕艺术经历代传承，至今已有千年的历史。

（2）语言在民族文化的传承中，发挥着极为重要的作用。

（3）近日举办了两岸客家文化传承与赣台经贸合作展望高峰论坛等特色活动。

（4）他为中国大陆工笔花鸟画艺术的传承和发展作出了贡献。

（5）应当创新艺术传承形式、传播手段及表现手法，增强文化艺术产品的表现力、感染力与时代感。

从上面的例子可以看出，“传承”一般用来指某种文化或技艺等的“传授和继承”。“传承”不是单独表示“传授”的，也不是单独表示“继承”的，而是同时表示“传授和继承”。因此，不应用“传承”来表示“传授”的意思。“免费向同学们传承根雕艺术”应改为“免费向同学们传授根雕艺术”。

081 “挟带病毒”还是“携带病毒”

有人问，是“挟带病毒的人”，还是“携带病毒的人”。

“挟带”是指“夹带”或“带有”。例如：

（1）洪水挟带着大量泥沙滚滚流去。

（2）这批货物中挟带的毒品，最终被检查人员发现。

“携带”是指“随身带着”。例如：

（3）这次来我没有携带家眷，等房子落实了，再让家眷过来。

（4）那位乘客携带的箱子，安全检查时被发现有异常情况。

从上面的例子可以看出，“挟带”所表示的“夹带”或“带有”往往是一种客观情况，而“携带”所表示的“随身带着”，往往具有主观意愿。

带有某种病毒的人，不会希望自己带有这种病毒。也就是说，不是由主观意愿决定去“带有”的。因此，说某人带有病毒，是说一种客观存在的情况，用“挟带”比较妥当。

082 “臭（xiù）”表“气味”时不宜写成“嗅”

某媒体中说：“春雨微腥，是各种植物奋力萌发的腥，近似荷尔蒙旺盛的少年体嗅。”其中的“嗅”宜写成“臭”。

“嗅（xiù）”是动词，意思是用鼻子闻，来辨别气味。例如：

（1）缉毒犬嗅出了行李中隐藏的毒品。

（2）他凑近茉莉花，轻轻嗅了嗅，说：“真香啊。”

（3）小狗在地上嗅来嗅去，似乎在寻找什么。

“臭（xiù）”是名词，意思是“气味”。例如：

（4）空气是无色无臭的气体。

（5）他是个乳臭未干的毛孩子，你要多原谅他，多帮助他。

（6）这个人一身铜臭气，一点儿钱看得比命还重，为人所不齿。

“体臭”指人身上的味儿，其中的“臭”是名词，不宜写成动词“嗅”。另外，“臭”读 chòu 时表“气味难闻”，例如“臭不可闻”。

083 “炫目的光”不宜写成“眩目的光”

有人写“一道炫目的光”，有人写“一道眩目的光”。哪种写法妥当呢？

“炫”有两个意思，一个是“强光照耀”，另一个是“夸耀”。表示强烈的光线晃人的眼睛时，人们常说“炫目”。例如：

（1）探照灯射出的炫目的光柱，犹如一柄利剑，刺向夜空深处。

（2）这座别墅装饰华丽炫目。

此外，当我们说建筑物、衣物等华丽夺人眼目或者色彩鲜艳夺目的时候，也可以用“炫目”。例如“大厅的装饰华丽炫目”“那儿插着几面色彩炫目的旗子”。

“眩”则是说人的眼睛发花，看不清楚。例如：

（3）站在这么高的地方，我不觉有些头晕目眩。

（4）老李忽然觉得有些眩晕，忙坐了下来。

从这两个例子可以看出，“眩”是说人的眼睛由于自身的某种原因，例如“恐高”或者身体不适而发花，看不清东西。

比较起来，“炫”是说强烈的光照耀，“炫目”是说由于这种照耀而眼花，也就是由于某种外界的因素引起眼睛视物不清。“眩”则主要是由于自身的原因而眼花。因此宜写“一道炫目的光”，不宜写“一道眩目的光”。

084 “学养”的含义

《现代汉语词典》第6版中，“学养”的含义是“学问和修养”。例如下面两个例子中的“学养”都是“学问和修养”的意思。

（1）咱们学校的冯老师，学养兼备，很受学生欢迎。

（2）研究所里的魏先生学养俱佳，深孚众望。

但是，“学养”在使用中，还常表示“学业上的修养”的意思。例如：

（3）在德十年，专研哲学，一望而知为学养渊深的学者。（邹韬奋《萍

踪寄语》）

（4）他从早年就对中外文学发生了深厚的兴趣，并对我国古典诗词有一定的学养。（赵朴初《读陈毅同志诗词》）

（5）这位先生写了不少普及性的语言学读物，由于他语言学学养很深，又写得通俗易懂、趣味横生，因此这些读物很受青少年读者欢迎。

（6）语文教师应当具备怎样的基本学养呢？这是许多青年教师很关心的问题。

（7）画家的美学学养对画家个人风格的形成有很大影响。

从这些例子可以看出，“学养”一词所具有的“学业上的修养”的含义，在社会语文生活中，还是比较常用的。《汉语大词典》中的“学养”也有“学业上的修养”这一含义。因此，建议《现代汉语词典》在修订时，给“学养”补充这一义项。

另外，“学养”表示“学问和修养”时，是联合结构；而表示“学业上的修养”时，则是偏正结构。这提示我们，名词性语素构成的双音词因结构不同，意思不同。再如，“酒菜”是联合结构时，表示“酒和菜”；是偏正结构时，则表示“下酒的菜”。

085 演出前的“化装”有时也可说成“化妆”

某媒体中说：“演出时不化妆，以说唱为主，同一表演者可扮演不同角色，却能把剧情演绎得跌宕起伏、声情并茂。”

这句话中的“化妆”使用不当。

“化妆”指“用脂粉等使容貌美丽”，也就是说，“化妆”用于“美容”。“化装”则指“演出时为适合角色而修饰容貌”，“化装”也用于表示“改变装束”或“假扮”的意思。表后一个意思时，“化装”跟“化妆”区别明显，不容易错。通常见到的差错，是表示前一个意思时，错用成“化妆”。例如：

（1）剧组的化妆师水平很高，经他的手修饰后，演员很像剧中人物。

（2）这是一部古装戏，化妆师的任务很重，既要修饰演员的容貌，又要对服装提出建议。

（3）他经过化妆，很像他演的一位领袖人物。

（4）在这部话剧中，他扮演茶馆老板，化妆后还真像半个多世纪前的“掌柜的”。

不过，有的时候，不大好分辨该用“化妆”还是“化装”。例如，在大合唱演出前，要给演员修饰容貌。这虽然是演出，但并不是给演员修饰容貌以适应某种角色。因此，这时用“化妆”也是可以的。

再如，电视台的播音员或主持人在播出前要修饰容貌。这时用“化妆”也是合理的。因为播音员或主持人在播出前修饰容貌跟合唱队员一样，是为了让容貌好看一点儿，而不是为了装扮成某种角色。

因此，当所指的“修饰容貌”既有某种表演成分，又有美容成分时，用“化妆”不宜算错。而如果表演的意思很明显，且需要根据剧中角色的需要而改变自身的容貌时，就宜用“化装”而不宜用“化妆”。

086 “一方面，（另）一方面”宜用于句内

有人问，“一方面，……；（另）一方面，……”的说法是只用于句内，还是也可用于不同的句子开头或者不同的段落开头。

这种说法一般用来连接复句中的分句。例如：

（1）一方面要增加生产，一方面要厉行节约。

（2）我们一方面要肯定成绩，另一方面也要指出缺点。

（3）我们打算一方面抓紧基础理论研究，另一方面也抓紧应用研究。

（4）一方面，我们要有冲天的革命干劲；另一方面，也要有实事求是的科学精神。

（5）这场球输了，存在两个原因：一方面，是由于对方实力较强；另一方面，也是由于我们在配合方面存在问题。

（6）一方面要反对空头政治家，一方面要反对迷失方向的实际家。（毛

泽东《工作方法（草案）》）

从上面的例子可以看出，“一方面，……（另）一方面，……”的说法是复句中的一种说法，表示并存的两种事物或者一个事物的两个方面。这种说法，是一个句子内部两个语意相互关联的一种说法，故规范的用法是用于句子内部，而不宜用于不同的句子开头或者不同的段落开头。

087 “一分耕耘，一分收获”还是“一份耕耘，一份收获”

有人认为应该写“一分耕耘，一分收获”，有人觉得应该写“一份耕耘，一份收获”。

“一分耕耘，一分收获”的写法是正确的。把其中的“分”写成“份”则不正确。“一分耕耘，一分收获”这句话的意思是：在农业生产上，付出一分辛苦，就会获得一分收成。人们常用这句话来比喻付出多大的劳动代价，就会有多大的收获。

“分”在“一分耕耘，一分收获”中指“成数”，“一分”即“一成”。也就是说，把一个整体划分为十份儿，每一份儿为一分。“分”的这个意思多用于抽象事物。例如：

（1）这些艺术家的成功，是三分天资，七分努力。

（2）多取得一分进步，就多了一分希望。

（3）有一分热，就发一分光。

（4）他这段时间的工作是七分成绩，三分错误。

088 “一摊水”还是“一滩水”

有时候，看见有人写“一摊水”，有时候看见有人写“一滩水”，究竟应当怎样写呢？

“摊”的用法较多，可做动词、名词和量词。

“摊”做动词时，可表达四个意思：

1. 表示“铺开、摆开”。例如：

（1）小明做功课的时候，把书包、课本、笔记本摊了一桌子。

（2）没关系，把矛盾都摊到桌面上，咱们慢慢商量。

2. 表示“分担”。例如：

（3）全班每个人摊十块钱，小李的困难就解决了。

（4）不用你一个人出，还是咱们均摊吧。

3. 表示“碰上某种不如意的事情”。例如：

（5）这回你摊上事儿了，摊上大事儿了。

（6）要说这事啊，摊在谁身上，谁也很难承受。

4. 表示“烹饪糊状食物的一种方法”。例如：

（7）今天中午吃烙饼、摊鸡蛋，我去买两根葱。

（8）奶奶特别会摊煎饼，她摊的煎饼全家都很爱吃。

“摊”做名词时表示“临时售货处”，读音要儿化。例如：

（9）虽然是摆个摊儿，但他做的豆腐脑很受欢迎，生意不错。

（10）到了孔家门口，他在路边的水果摊儿买了几斤苹果带进去。

“摊”做量词时用于液体、糊状物或者事物。例如：

（11）油箱坏了，漏到地上一摊柴油。

（12）墙砌完了，墙根儿还剩了一摊稀泥。

（13）太忙了，今天还有好几摊事儿要办。

“滩”只有名词用法，指“滩地”等。例如：

（14）河滩上有人搭建了几个窝棚。

（15）这片海滩涨潮的时候，就淹没在海水里了。

从上面的例子可以看出，“摊”有量词用法，“滩”没有量词用法，因此，应写“一摊水”，不应写“一滩水”。

089 “一牙儿西瓜”的说法是否正确

有人写了“一牙儿西瓜”后，查阅《现代汉语词典》，发现“牙”没有做量词的用法。问是否可写“一牙儿西瓜”。

的确，生活中常用“牙”做量词。例如：

（1）我已经吃了两牙儿西瓜了，剩下的都是你的，快吃吧。

（2）盘子里放着几牙儿哈密瓜。

（3）我就吃了一牙儿大饼，还不饱，再吃点儿米饭吧。

（4）现在的月饼太甜了，也不好吃，昨天过中秋节，我就吃了一牙儿月饼。

（5）给孩子切一牙儿蜂糕吧，让他尝尝味儿。

从这些例子可以看出，“牙”是普通话中一个常用的量词，“牙”做量词时，常用来指条状或类似条状的物品。因此，在《现代汉语八百词》的《名词、量词配合表》中，“西瓜”的量词中有“牙”。不仅现代汉语，其实历史上“牙”就有量词用法。例如《汉语大词典》指出，“牙”有量词用法，意思相当于“绺”。所举的例子是：

（6）众人看徐宁时，果是一表好人物：六尺五六长身体，团团的一个白脸，三牙细黑髭髯，十分腰细膀阔。（《水浒传》第五十七回）

在普通话口语中，“牙”做量词时一般要读成儿化词，因此上面的例子中“牙”后都跟着一个“儿”字。所以，“一牙儿西瓜”的说法是正确的。

建议《现代汉语词典》《新华字典》《通用规范汉字字典》等工具书在“牙”字的义项中增加量词用法。

090 “伊始”的用法

“伊始”是“开始”的意思，且具有书面语色彩。例如：

（1）新春伊始，农民就开始了田间劳作。

（2）金秋伊始，浩浩荡荡的部队整装南下。

（3）会议伊始，李书记就宣布了会议议题。

（4）战争伊始，我军就掌握了主动权。

（5）下车伊始，工作队就深入田头进行调查研究。

从上面的例子可以看出，“伊始”前面的词语多具有“某段时间”的内涵，而“伊始”则是说这段时间开始的时候。

如果说“中华人民共和国成立伊始”人们会感觉比较自然，这是因为“中华人民共和国成立伊始”具有“新中国成立初期”这一内涵。而如果说“中华人民共和国伊始”人们会稍觉别扭。

091 “已成为中国现代化成功与否的瓶颈”的说法是否妥当

某媒体中说：“国民的文明修养已成为中国现代化成功与否的瓶颈。”这句话的说法是否妥当呢？

“瓶颈”指瓶子上部较细的部分，“瓶颈”常用来比喻事情进行中容易发生阻碍的关键环节。例如：

（1）我市电力供应不足已经成为经济发展的瓶颈。

（2）交通堵塞是大城市提高办事效率的一个瓶颈。

（3）缺水已经成为该地区今后工业上台阶的瓶颈。

（4）不通公路是制约山区经济起飞的瓶颈。

（5）创新人才缺乏是这个公司取得发展的一个瓶颈。

“×× 与否”中的“否”是“不”的意思。“×× 与否”常用来指事情可能出现的相反的两个方面的可能性。例如：

（6）这个计划不论成功与否，都不能挡住我们继续前进的步伐。

（7）此次事故不论造成人员伤亡与否，都要彻底调查造成事故的原因。

（8）不管人们注意与否，这种电脑正在悄悄改变人们的生活。

（9）只要有顾客光临，无论生意做成与否，他总是请对方喝一杯甜茶。

（10）电池更换方便与否，对行驶时间长短没有影响。

例（6）中的“成功与否”是说成功或不成功，（7）中的“造成人员伤亡与否”是说造成人员伤亡或没造成人员伤亡，（8）中的“人们注意与否”是说人们注意或人们不注意，（9）中的“生意做成与否”是说生意做成或生意没做成。（10）中的“电池更换方便与否”是说电池更换方便或电池更换不方便。可见，采用“×× 与否”的说法时，一般总是同时指事情可能出现的相反的两种情况。

“国民的文明修养已成为中国现代化成功与否的瓶颈”的意思是说，国民的文明修养问题，已经成为我国实现现代化的一个瓶颈。

从（1）至（5）可以看出，“瓶颈”是指事情进行、发展或成功的“容易发生阻碍的关键环节”，而一般不用于比喻性地指称事情不进行、不发展、不成功方面的情况。因此，文中将同时指事情正、反两个方面的“×× 与否”与“瓶颈”连用的说法是不妥当的。宜去掉“与否”，说成“国民的文明修养（不高）已成为中国现代化成功的瓶颈”。

092 “抑或”不应写成“亦或”

有人将“抑或”误写成“亦或”。

“抑或”是“或是，还是”的意思，表示选择关系。例如：

（1）或于明时即有《玉版》之完本行世邪？抑或得之临本之最善者邪？（《寒秀草堂笔记》）

（2）人生果如梦乎？抑或蒙叟之寓言乎，吾不能知。（刘鹗《〈老残游记续集〉自序》）

（3）不知是他没有听见，抑或是他听见了故意装着未听见的样子，总之，他并不动一下。（巴金《家》）

“抑或”中的“抑”跟“或”都表示选择关系，都可表“或者”，“抑或”是同义联合型合成词。“亦”则是“也，也是”的意思，不表示选择关系。因此，“抑或”中的“抑”不能用“亦”来替换。表示“或是，还是”的意思时，“抑或”不应写成“亦或”。

另外，从（1）至（3）可以看出，“抑或”是个书面语色彩十分明显的词语。

093 “有加”不应写成“有佳”

“加”有“增加”的意思，“有加”表示程度深，相当于“很”。例如：

（1）刘女士对这只狗宠爱有加，只要有空就抱着出去逛。

（2）老张对他的紫砂壶钟爱有加，整天端着喝茶。

（3）妈妈对三个儿女关爱有加，虽然条件差，但仍想方设法让孩子们吃饱吃好。

（4）老李对这张画欣赏有加，拍了照片，回家反复观看。

（5）孙老师对这个刻苦学习的学生称赞有加。

上面五个例子中，“有加”的前面是动词，这些动词一般都表示正面、肯定的意思。“××有加”可以理解成“很××”。例如（1）中的“宠爱有加”可以理解成“很宠爱”，（2）中的“钟爱有加”可以理解成“很钟爱”。

有时，“有加”也用在形容词后面，例如：

（6）小两口恩爱有加，虽然日子清苦，但过得有滋有味。

（7）这只小狗可爱有加，兄弟俩一回家就跟小狗玩儿一阵子。

从这两个例子可以看出，“有加”前的形容词，也往往具有正面、肯定的意味。“有加”前是形容词时，同样可以理解成“很××”，例如（6）中的“恩爱有加”可以理解成“很恩爱”，(7)中的“可爱有加”可以理解成“很可爱”。

就现在的使用情况来看，“有加”前一般是双音节的动词或形容词。

094 “原动力”不宜写成“源动力”

“原动力”指产生动力的力。例如电动机的机械力来自电力，而电力来自水电站水的动力，因此水力可以称之为原动力。风力也是一种原动力。“原动力”中的“原”是“最初的、开始的”的意思。“源”没有这个意思。“源”表示“水流起头的地方”或“来源”。

“原动力”常用来比喻推动事物发展的根本力量。例如：

（1）人民是推动历史前进的原动力。

（2）竞争是推动创新的原动力。

因此，“原动力”不宜写成“源动力”。

095 “蕴藉着高度敏锐性和沉郁的力量”的说法为何不妥

某媒体中说：“构造出独特的风格，其中蕴藉着高度敏锐性和沉郁的力量。”

“蕴藉”是指言语、文字、神情等比较含蓄、不显露的意思。例如：

（1）这首七言绝句意味蕴藉，值得我们细细品味。

（2）她听了这句话，没有说什么，只是脸上露出一丝蕴藉的微笑。

（3）这篇散文含意蕴藉，反复读几遍才能领会。

（4）此人处事一向温恭蕴藉，从来不露锋芒，深得宰相信任。

（5）王老师蕴藉的话语耐人寻味。

从上面的例子可以看出，“蕴藉”是“含蓄而不显露”的意思。

“构造出独特的风格，其中蕴藉着高度敏锐性和沉郁的力量”这句话的“蕴藉”所要表达的是“包含”的意思，“蕴藉”没有“包含”的意思。因此，其中的“蕴藉”可改为“蕴含”或“蕴蓄”，句子改为“构造出独特的风格，其中蕴含着高度敏锐性和沉郁的力量”或者“构造出独特的风格，其中蕴蓄着高度敏锐性和沉郁的力量”。

在20世纪30年代编纂的《国语辞典》中，有“蕴藉”一词，该词典对这一词语含义的解释仅仅两个字：“含蓄”。由此或许可以看出，在现代语言生活中，一般地说，“蕴藉”只包括“含蓄”的意思，没有“包含”的意思。

096 怎样理解“原地踏步走”

有人问，播放“广播体操”时，在做操之前，听到音乐声中教练说“原地踏步走”。“走”有“离开”的意思，“原地踏步”是指在“原地”活动，这两种说法是否矛盾？

听了第七套、第八套、第九套等广播体操的录音，的确，在正式做操之前，都有“原地踏步走”的说法。

“踏步”是指“两脚交替抬起又着地而不迈步前进，是体操或军操的一种动作”。可见，“踏步”是指在原地的一种动作。在“踏步”前加上“原地”，意在强调一定要在自己站立的地方进行这种动作，而不用往前走。

在几套广播体操的录音中，“原地踏步”跟“走”之间，都有十分明显的间隔或者说停顿。

这里的“走”实际是单说的，意思是“某种行为动作要立即开始”。“走”的这种用法出现在某种训练、表演或某种操作中有关人员发出指令的时候。例如某小品中，导演让演员开始练习演唱，说“走”。再如，在我国航空母舰辽宁舰上，有关人员说“走你”，是让舰载机立即起飞。

因此，广播体操中的“原地踏步走”中的“走”，是指示做操人员马上开始“原地踏步”的动作。

097 “奓刺”“炸刺”和“扎刺”

表示“闹事儿、调皮捣蛋”的意思时，人们有时说“zhàcì”。这个词有人写成“奓刺”，有人写成“炸刺”，也有人写成“扎刺”。

这个词语具有方言色彩，出现在北京人的口语中。在《新编北京方言词典》（商务印书馆，2011年）中，这个词写作“奓（zhà）刺”。这种写法是有道理的。“奓”字有“张开”的意思。例如：

（1）小伙子的头发都奓着，他说这是一种时尚的发型。

（2）树枝上的小鸟奓翅儿要飞。

（3）我一听这话，头发都奓起来了。

《北京方言词典》（商务印书馆，1985年）中写作“炸刺”，《北京话词典》（中华书局，2013年）中，也写成“炸刺儿”。

“奓”字一般人往往不认识，写成“炸刺”便于一般人视读。且“炸”字也可以形象地比喻头发竖起的样子。

在北京话口语中，“炸刺”一词是儿化的，口语中一般说成“炸刺儿”。故而在《北京话词典》中“炸刺”后带“儿”，写成“炸刺儿”。因此，当我们写这个词时，写成“炸刺儿”比较合适。

另外，还有人把“炸刺儿”写成“扎刺”，这是不合适的。因为“扎”没有 zhà 的读音，意思上也不相合。

098 “赵孟頫”宜写成“赵孟𫖯”

某媒体中说：“赵孟頫为湖州人，是中国美术史上元代文人画的开创者。”这句话中，元代书法家“赵孟頫”的“頫”宜写成“𫖯”。

“頫”字的右偏旁“頁”是繁体字。在《简化字总表》中，“第二表”是“可作简化偏旁用的简化字和简化偏旁”。也就是说，“第二表”中的简化字可以用来做简化偏旁。而繁简对照的“页〔頁〕”，即在第二表。这就是说“页”

可以用来做简化偏旁。当把某个繁体字类推成简化字时，宜将其中的繁体偏旁“頁”改成“页”。

因此，“赵孟頫”的“頫”宜写成“𫖯”。在1955年12月发布的《第一批异体字整理表》中，“頫”作为“俯”的异体字被淘汰。而在2013年发布的《通用规范汉字表》的“三级字表”中，收有“𫖯”字。《通用规范汉字字典》指出：“《通用规范汉字表》将‘頫’的类推简化字‘𫖯’视为规范字，可用于姓氏人名，如‘赵孟𫖯’。”也可以说，是部分恢复了“𫖯”字。

在一些输入法中，“頫”字没有简化，右偏旁仍是繁体的“頁”。也就是说，人们一般很难在电脑上打出“頫”字的类推简化字。这就需要在稿件排版时特别注出，请录入员造出右偏旁是简化的“页”的“𫖯”字。

099 “祖国妈妈的生日”中的“祖国”怎样理解

有人问，“十月一日——祖国妈妈的生日”这种说法是否不妥，因为“十月一日”是新中国成立的日子。

《现代汉语词典》中，对“祖国”的解释是“自己的国家”，这是一种概括的说法。对不同地域、不同时代、不同人群来说，“自己的国家”，往往有各种不同的解释。其实，这是一个带有普遍性的问题，也就是词义的概括性问题。例如，我们一般说“早晨”，是指从天亮到上午八九点钟这段时间。而英美人在上午十一点，仍可说Good morning。人们在对话中有时说“请你把扇子拿过来”“你带上几个苹果吧”，其中的“扇子”“苹果”都是指特定的“扇子”“苹果”。因此，宜根据具体语境来理解词语的确切含义。

当人们说“十月一日——祖国妈妈的生日”时，听的人一般都把这里所说的“祖国”理解成新中国，而不会理解成其他含义。同样的道理，有首歌里唱道：“今天是你的生日，我的中国。”其中的“中国”也指新中国，即中华人民共和国。由于生活中人们说的“中国”往往指新中国，因此《辞海》第 6 版中的“中国”条有一个义项是“中华人民共和国”。

100 “钻孔”有动词、名词之分

有人问“钻孔”是动词还是名词。词典上有动词“钻孔”，其实也有名词“钻孔”。

动词“钻（zuān）孔”是用尖锐的东西在物体上钻（zuān）眼儿的意思。例如：

（1）他用锥子在纸板上钻孔。

（2）老刘事先已经在木板上钻了孔。

（3）有人在铁板上钻了三个孔。

从上面的例子可以看出，动词“钻孔”是个离合词。

名词“钻（zuàn）孔”是“用钻（zuàn）头钻出的孔”的意思。因此，其中的“钻”读四声，是“（用）钻（zuàn）头钻（zuān）出的”之义。例如：

（4）岩石上有两个钻孔。

（5）小刘用电钻在木板上打了三个钻孔。

（6）从这几个钻孔判断，不久前有人来过这里。

101 “最受欢迎的就要属这种鱼了”的说法不妥

某媒体中说：“最受欢迎的就要属这种鱼了。”这种说法是否妥当呢？

“最受欢迎的就要属这种鱼了”中的“属”应当写成“数（shǔ）”。“数（shǔ）”有表示“计算或比较起来最突出”的意思，是动词。例如：

（1）西安的泡馍还得数“老孙家”的好吃。

（2）几个孩子里，数她最听话了。

（3）我的同班同学里，数他年龄最小。

（4）小刘的枪法在全连数第一。

（5）他小时候的作文在班里数一数二。

（6）这次作业，数李春生做得最好。

“属”有“是”的意思。例如：

（7）这个说法是谣传，纯属捏造，大家别相信。

（8）老王对事件的描述据我们了解，完全属实。

（9）你的行为属无证驾驶，而且还是酒后驾车，应当接受相关处理。

（10）这种鸟属国家二级保护动物，咱们要多做保护工作。

（11）熊猫爱吃竹子，分布在四川、陕西一带，属哺乳动物。

“最受欢迎的就要属这种鱼了”要表达的意思是，比较起来，“这种鱼”是最受欢迎的，即“这种鱼”受欢迎的程度是最突出的，故其应用“数”，说成“最受欢迎的就要数这种鱼了”。“属”没有表示比较起来最突出的意思，“属”用作“是”或“系”的意思时，表示对属性、性质或种类等的认定。

102 “作出很好的成绩”中宜用“做”

某媒体中说：“积极学习工作所需要的技术和知识，依然可以作出很好的成绩。”其中的“作”宜写成“做”

一般地说，如果带名词性宾语，宜用“做”；如果带动词性宾语，宜用“作”。例如：

（1）老王做了个铁盒子来放这些东西。

（2）刘师傅做了一个很漂亮的风筝。

（3）她做了三个毽子，给了小胡一个。

（4）今天做什么饭啊？

（5）你们先吃着，我再做个汤吧。

（6）比赛过两天就开始了，你们作好准备没有？

（7）听说，李书记今天给咱们作报告。

（8）还是先作点调查研究，再发言吧。

（9）先别轻易下结论，再搜集些材料，作些分析。

（10）我考虑，还是暂时不作回应为妥。

上面的（1）至（5）中带的是名词性宾语，故用“做”，而（6）至（10）中带的是动词性宾语，故用“作”。

“依然可以作出很好的成绩”中的“成绩”是名词性的，因此宜改成“依然可以做出很好的成绩”。

103 “做……状”的写法和意思

“做……状”中的“做”，有人写成“作”，如写成“作痛苦状”。这是不妥的。因为“状”是名词性的，而在名词性词语前宜用“做”，不宜用“作”。故而《现代汉语词典》中，有“做痛苦状”的用例。

“做……状”一般表示“假装出……样子”的意思。（见《现代汉语词典》）例如：

（1）老刘故意做头晕状，说：“我真的不能喝了，再喝就醉了。”

（2）小李把录取通知书藏在身后，做着急状说：“录取通知书怎么还不来？”

（3）刘建成心里高兴，脸上却做不悦状，说：“既然你们这么说，那好吧，我就暂时留下来。”

其实，有时“做……状”也表示“呈现出……样子”的意思。例如：

（4）图中的武松高举拳头，做痛打老虎状。

（5）大门口有个雕塑，是个做奔跑状的运动员。

（6）画面中几个围观的人，脸上均做惊讶状。

近义辨析

104 “编撰”与“编纂”用法有别

“编撰”有两个意思，一是表示编辑图书。例如：

（1）这本论文集是他这两年编撰的，其中收入了他数十篇论文。

（2）他编撰了两本当地的民间故事集。

二是表示著述，也就是写书。例如：

（3）老王参与编撰了这本历史教材。

（4）他编撰了一本介绍当地风俗和物产的小册子。

“编纂”则表示编辑。例如：

（5）他们几个人编纂了一本同义词辨析词典。

（6）参加编纂这本百科全书的学者很多。

比较起来，“编撰”的使用范围较广，既可以表示编书，也可以表示写书。但应注意，“编撰”跟“撰写”有所不同。“撰写”是说自己创作，例如“撰写论文”“撰写长篇小说”。“编撰”则往往包含了“编”的意思。例如（3）中说“编撰了这本历史教材”，含有除了自己写之外，也编辑一些有关材料进去的意思。（4）中说“编撰了一本介绍本地风俗和物产的小册子”，含有除了自己写之外，也编辑进去一些当地风土材料的意思。“编纂”使用范围较窄，只用来表示编书，不用来表示写书。而且，从例（5）至（6）可以看出，“编纂”多用于指编辑较大型的书籍，如辞书。

105 “秉承”跟“秉持”的不同用法

“秉承”是“接受并奉行”的意思。例如：

（1）他是秉承他人旨意来做这件事的。

（2）在那个时代，他只好秉承父母之命，跟这位小姐完婚。

（3）老王是秉承领导的指示进行这项工作的。

（4）这些人不过是秉承主子的意思干这些事儿的。

“秉持”则指“掌握或主持”。例如：

（5）他秉持这一理念进行了新的创作。

（6）在处理有关问题时，老李始终秉持实事求是的原则办事。

（7）周老师在语文教学中始终秉持以学生为本的理念。

（8）盼望有关部门在这场纠纷中秉持公道。

从上面的例子可以看出“秉承”是表示按照他人的思想或主意来做事，“秉持”在现代社会语言生活中，多用来指持有某种理念、精神，思想等。

106 “搽”“擦”的不同

“搽”（chá）跟“擦”（cā）都可以用来表示往脸上或手上等涂抹粉末、油类物等。例如：

（1）那时候，她往脸上搽的是雪花膏。

（2）手上搽点防晒霜有利于保护皮肤。

（3）他用棉签给腿上搽了点碘酒。

上面的（1）至（3）中的“搽”也可以用“擦”来替换，说成：

（4）那时候，她往脸上擦的是雪花膏。

（5）手上擦点防晒霜有利于保护皮肤。

（6）他用棉签给腿上擦了点碘酒。

如果表示往身体之外的物体上涂抹粉末、油类物等，则宜用“擦”，不宜用“搽”。例如：

（7）张师傅往机器的转轴上擦了点油。

（8）李大婶在饼铛里擦了些油。

例（7）至（8）中的“擦”都不宜写成“搽”。

另外，就社会生活中的常见用法而言，“搽”较多用于往脸上或手上涂抹粉末、油类物等。

107 "参加会议""出席会议""列席会议"的用法

就一般情况而言，参加各种会议，包括一般性的工作会议，以及研讨会、座谈会、表彰会等，可用"参加"，也可用"出席"。例如：

（1）有 500 余人参加了这次表彰大会。

（2）来自各地的 50 多位少数民族代表参加了这次讨论会。

（3）本市 30 多位教师出席了改进语文教学的座谈会。

（4）100 多位各地代表出席了这次经验交流会。

比较起来，"参加"似乎更口语化一些，而"出席"书面中多用，故稍显庄重。因此，当人们提到一般人到会，多用"参加"；而提到领导者或有身份的人到会时，则往往用"出席"。例如：

（5）各地唐代文学研究者 60 余人参加了这次学术研讨会。

（6）来自各地的 200 多位老师参加了暑假期间举行的语文教学讨论会。

（7）主管这方面工作的副市长李强出席了这次会议。

（8）张部长出席了开幕式，并发表了重要讲话。

"出席"和"列席"同时出现时，常见于一些重要会议例如人民代表大会或党的第几届会议的报道。在提到参加重要会议的人时，"出席"指的是有表决权的人，而"列席"指的是没有表决权的人。列席者往往是来旁听的。例如：

（9）出席这次党代会的代表共 34 人，列席会议的代表有 21 人。

（10）人大代表 45 人出席了会议，列席会议的共 12 人。

（11）出席会议的委员以及列席会议的各部门负责人都已经到会。

108 “惨绝人寰的暴行”应为“惨无人道的暴行”

某媒体中说：“看得见日寇惨绝人寰的侵略暴行和中国军民奋起抗战的无畏与牺牲。”其中的“惨绝人寰”用得不妥。

“惨绝人寰”是说人世上再没有比这更悲惨的了，用来形容悲惨到了极点，或极为悲惨。例如：

（1）从这张历史上的旧照片可以看到南京大屠杀惨绝人寰的景象，真是令人发指啊。

（2）当时的情景，惨绝人寰，他一辈子也不会忘记。

说到残暴行为，常用“惨无人道”。“惨无人道”指凶狠残酷到了没有一点人性的地步，形容极其凶残，毫无人性。例如：

（3）日寇惨无人道的暴行激起了中国人民极大的义愤。

（4）鬼子在这几个村子惨无人道的兽行引起村民极大仇恨，人们组织起来，决心抗战到底。

从上面的例子可以看出，“惨绝人寰”跟“惨无人道”用法有别。“惨绝人寰”用来形容悲惨的程度，多用于描述惨状。“惨无人道”用来形容手段的凶残。因此，“日寇惨绝人寰的侵略暴行”应说成“日寇惨无人道的侵略暴行”。

109 “查看”与“察看”各有用法

“查看”常用来表示“检查”的意思。例如：

（1）张师傅仔细查看了这段线路，发现了几处损坏，立即进行了修理。

（2）刘书记查看了我们的准备工作后，予以充分肯定，并作出几点指示。

“查看”也用来表示“观察”。例如：

（3）地震发生后，张市长立即赶往灾区查看灾情。

（4）李局长亲自到事故现场查看情况。

（5）几个驻村干部今天下午去查看扶贫对象脱贫的情况。

“察看”则表示“为了解情况而细看”。例如：

（6）林业局的几位同志仔细察看了林子里东北虎的足迹。

（7）他走到帐篷外面，察看今天的风向。

（8）他们几个人躲在远处察看对方的动静。

从例（1）至（8）我们可以看出“查看”跟“察看”的不同用法。“察看”是说仔细地去观察了解，“察看”的目的是“了解某种情况”。

“查看”可以用来表示观察，常用来指负责人、上级人员或其他同志为了处理某种情况而亲临现场观察，如例（3）至（5）。“查看”还可以表示“检查”的意思，如例（1）至（2），“察看”没有这个意思。拿（1）至（5）跟（6）至（8）加以比较，还可以看到，“查看”后，往往还得“管”，还得对所看到的情况进行处置；而“察看”则侧重于指“了解情况”。

在写文章的时候，如果说到干部到现场观察了解情况，并将予以处置，宜用“查看”，如果是指对某种现象进行观察，宜用“察看”。

110 “成型”与“成形”用法的区别

某报中说：“目前已经实现圈梁顺利合龙，之后还将完成铺设面板、吊装等一系列工程，再过四个月就会基本成型，预计在2016年9月初投入使用。”其中的“成型”使用欠妥。

“成型”是加工工件时的专门用语，指工件经过加工成为所需要的形状。例如：

（1）合页就是在这里经过冲压等工序而成型的。

（2）这些零件是经过冷滚成型而制作出来的。

（3）这个车间的师傅已经掌握了爆炸成型的技术。

（4）当时，镰刀完全是依靠铁匠师傅的锻打而成型的。

“成形”可用来表示“形成某种架构或者接近完成的状态”。例如：

（5）这个研究计划经过大家充分讨论，现在已经基本成形。

（6）老王的书稿已经成形，他打算下个月完成后交给出版社。

（7）关于治理这片盐碱地的构想，经过该村乡亲和干部的反复讨论，已经大体成形，他们有信心将这片地变成良田。

（8）李导演说，将这个历史剧改编成电影的构思，已经成形，明天会上拿出来征求大家的意见。

（9）经过一个月的组装，这台国内先进的大型设备已经基本成形了，全厂上下都很振奋。

（10）该学会的章程经过充分酝酿后，已经基本成形，大概下周就会公布。

从上面的例子可以看出，“成型”是工件加工方面使用的一个专门的词语，用来指人工做的具体的实物经过加工成为所需要的形状。这个词的使用范围较窄。而“成形”常用来指事物形成了某种构架或者接近完成的状态，也就是形成了大体清晰的某种轮廓或状态。“成形”的使用范围较宽，可用于计划、构想、文章、设备等。“再过四个月就会基本成型”是指大型设备经过组装后具有了基本的状态，因此其中的“成型”应改为“成形”。

111 “矗立”跟“耸立”用途有别

“矗立”着重指物体的直而高，且多用于建筑物。例如：

（1）运动会虽然开完了，但火炬塔仍然矗立在运动场里。

（2）人民英雄纪念碑矗立在天安门广场南侧。

（3）江边矗立着一栋栋高楼。

（4）电视发射塔矗立在山顶上。

（5）高大的华表矗立在金水桥畔。

“耸立”着重指物体的高而突出。可用于自然景物，也可用于人造物体。例如：

（6）群山耸立，红日西垂，景色壮美。

（7）这里奇峰耸立，风景独特。

（8）一排高高的白杨树耸立在公路旁。

（9）巍峨的人民大会堂耸立在广场西侧。

（10）这座新兴的城市耸立着一群群高楼大厦。

112 “捶背的捶儿”的写法对吗

“捶背的捶儿”中，“捶背”的“捶”的写法是正确的。“捶”是动词，表示“用拳头或棍棒击打”，例如：

（1）我用拳头捶打了一会儿，背不疼了。

（2）小欢，快去给爷爷捶捶背。

（3）那时候，在这条河边，常看见不少妇女捶打衣裳。

（4）张师傅正在用木榔头捶打一块铁皮。

（5）听到这个消息，气得他捶胸顿足，连连叹气。

如果是用金属工具敲打，则宜写成“锤”。例如：

（6）他只锤打了几下，一根钉子就完全钉进去了。

（7）在气锤的锤击下，工件很快就成型了。

（8）小刘用铜锤狠劲儿锤了十几下。

“捶背的捶儿”中，“捶儿”的写法不妥，宜写成“槌儿”。“槌儿”指“敲打用的木棒”。例如：

（9）他拿起鼓槌儿，熟练地敲打起来。

（10）这是锣槌儿，你看到指挥的手势，就迅速用它敲一下锣。

（11）这个小槌儿是奶奶留下的，如今已经不多见了。

“锤”除了上面提到的“锤打”用法外，还常用来指有金属头儿的敲打工具。例如：

（12）这把锤的头儿是铜的，把儿是木头的。

（13）刘师傅手里握着一把大铁锤。

总起来说，当我们指金属锤时，宜用“锤”，“锤”也指用金属锤子敲打。当我们指木制敲打工具时，宜用“槌”。表“用木槌敲打”或“用拳头击打”，则宜用“捶”。

另外，“锤子”可指金属的，也可指木头的、橡胶的、塑料的等。

113 “当代”与“当下”的含义

“当代”指当前这个时代，或者说目前所处的这个时代。例如：

（1）他是一位当代诗人，写了好几本诗集。

（2）这位老师是教当代文学的，已经教了十几年了。

（3）当代艺术融进了不少新元素，有一些新的特色。

不同领域对“当代”所指时段有不同的界定。例如“中国当代文学”是指1949年新中国成立至今的我国文学，“当代世界史”则指二战之后的世界史。在社会语文生活中，人们在运用“当代”这个词的时候，不同文本可能有不同所指。有时可能指“五四”之后，有时可能指改革开放之后，有时可能指新世纪以来，都是可以的。

“当下”有两个含义，一是指目前，或者说眼前、眼下。例如：

（4）这是当下年轻人的一种时尚。

（5）我们要抓紧完成当下的科研工作，为明年产品的更新换代作好准备。

（6）总之，大家既要立足当下，又要放眼未来。

二是指“就在那个时刻”。例如：

（7）她一听这个消息，当下就气得晕了过去。

（8）针对这一突然发现的情况，团长当下就决定让侦察员仔细侦察一下公路左侧敌人的机场。

（9）小刘昨天发现那个东西丢了，当下就急得哭了起来。

114 “定式”跟“定势”的不同

“定式”指“长期形成的固定方式或模式”。例如：

（1）汉人用韵参差，沈约《韵谱》，始为严整，《早发定山》尚用山先二韵，及唐以诗取士，遂为定式，后世因之。（谢榛《四溟诗话》）

（2）他们首创了弃文存质，保存经意，照原本直译的方法，因而为后来译家所遵守，一人口说，一人笔录，也成为译经的定式。（范文澜、蔡美彪等《中国通史》第三编）

再举三个口语中的例子：

（3）小张每次遇到这类事情，都这样处理，似乎成了一种思维定式。

（4）文艺创作没有定式，跟解数学习题不一样。

（5）我们必须打破那种先建设、后治理污染的发展定式，要采用新的注重环保的方式来进行今后的建设。

“定势”则指“某种确定的发展态势”。例如：

（6）逆顺有大体，强弱有定势。（《三国志·魏志·刘表传》）

（7）臣闻天下无易事，非其人则难于登天；天下无难事，得其人则易于反掌。难无定势，易无常形，惟其人也。（秦观《李训论》）

再举三个口语中的例子：

（8）在战场上，人民解放军由战略防守转为战略进攻已成定势。

（9）综合各种情况分析，今年我省小麦丰收看来已经成为一种定势。

（10）这些蔬菜价格的上涨势头被遏制已然成为定势。

因此，当我们说某种固定的形式、模式时，用“定式”；当我们指某种已然确定的形势、态势时，用“定势”。

115 “二”和“两”用法不同

在一般量词前，多用“两”。例如：

（1）墙角靠着两根竹竿。

（2）地上铺着两张席子。

（3）这个数字是去年的两倍。

（4）我去年到上海去了两次。

在传统量词前，“二”“两”都可以用，但“二”用得较多。例如：

（5）村子东面的二亩地今年种什么？

（6）不远了，离这儿也就二里地吧。

值得注意的是，在一般量词前，不宜用“二”。例如（1）至（4）中的“两”都不宜换成“二”。

116 “伏帖”“伏贴”“服帖”的不同

“伏帖”主要表示“舒适，舒坦”。例如：

（1）三伏天热得不得了，吃个冰激凌心里真伏帖。

（2）这间平房虽然面积不大，但很安静，我住在这儿很伏帖。

（3）这件刚买的衣裳虽然档次不高，但我穿在身上觉得挺伏帖的。

此外，“伏帖”也有跟“服帖”相同的表示“驯服，顺从”义的用法。

“伏贴”表示某物贴得紧而平整，也就是紧紧地贴在其他东西上。例如：

（4）她……覆额的留海也梳得十分伏贴。（朱自清《阿河》）

（5）墙上的壁纸糊得很伏贴，整个墙面平平整整的。

（6）这张画贴得太伏贴了，一丁点儿皱折也没有。

“服帖”有两个意思：

1. 表“驯服，顺从”。例如：

（7）这位骑手技艺高超，能够使烈马变得很服帖。

（8）我家的小花猫在主人面前总是表现出一副服帖的样子。

（9）这几个伙计在老板面前服帖得很。

（10）这几个土匪对百姓很凶，对匪首却一贯甚为服帖。

2. 表“妥当”。例如：

（11）这件难事谁都没办成，唯独老张办得很服帖。

（12）事情已经办得服服帖帖的，您就放心吧。

（13）妻子把家里的事情都处理得服服帖帖的，他省了好多心。

从上面的例子可以看出，“伏帖”是说心里很舒服。“伏贴”是说东西贴得很平整。“服帖”则有“顺从”和“妥当”两个意思。

“伏帖”虽然也有跟“服帖”相同的用法，但这不是“伏帖”的主要用法，因此，表示“顺从，妥当”的意思时，一般宜用“服帖”。

117 “工作很周密”还是“工作很精密”

有人在文章中说“工作很精密”，别人对此提出意见，认为应该说“工作很周密”。

“精密”是精确细密的意思，多用于“仪器、机械、测量、计算”等。用“精密”来指称的事物往往能够计算。例如：

（1）这是一台精密仪器，你们使用的时候细心操作。

（2）精密的观察是科学研究的基础。

（3）这是一台刚购置的精密机床，对提高我厂产品质量将发挥重要作用。

（4）我们必须造出更精密的测量工具，这样才能进一步提高产品质量。

“周密”则指“周到而细密”。“周密”涉及行为，多跟人的考虑有关。例如“周密”常跟“思考、构思、筹划、分析、盘算、安排、组织、分工”等搭配使用。例如：

（5）对这件工作，要周密思考，妥善布置。

（6）你们的计划很周密，我相信一定会取得显著成效。

（7）有关人员已经对这个案件的有关事情进行了周密的调查。

（8）出发之前，队员们都进行了周密准备，考虑到了各种可能出现的情况。

“工作”跟人的“考虑”相关，因此，说到工作时宜用“周密”。例如：

（9）这个部门对下一阶段工作的安排考虑得很周密，相信会收到好的成效。

不过，“精密”有“细密”的含义，因此有的人为了强调这一点，用“精密”来说工作。因此，用“精密”也不算错误。当然，从社会的使用习惯来说，使用“周密”更好，更妥当，更符合一般的表达习惯。

118 “好容易”跟“好不容易”意思是否相同

“好容易”跟“好不容易”修饰动词性成分时，意思是相同的，都表示“很不容易”。例如：

（1）老王好容易找到你，可是你马上又要走了。

（2）老王好不容易找到你，可是你马上又要走了。

（3）我好容易把计划写好了，你又变主意了。

（4）我好不容易把计划写好了，你又变主意了。

（5）他费了很长时间，好容易才从树林子里钻出来。

（6）他费了很长时间，好不容易才从树林子里钻出来。

上面的句子两句一组。从每组两句的比较中可以看出，“好容易”跟“好不容易”的意思相同，没有程度上的差别。

另外，表示“很不容易”的意思时，若由“好不容易”单独做谓语，这时的“好不容易”不可说成“好容易”。例如：

（7）老王找到你，好不容易啊。

（8）我把计划写好了，好不容易啊。

例（7）至（8）中的“好不容易”都不能说成“好容易”。

119 “何等的”与“何等地”

在“不知此人是何等的人物”中，“何等”是“怎样的”的意思。这时“何等”是疑问代词。同类的例子再如：

（1）究竟需要何等的物品？

（2）何等的工程，敢如此索价？

在“何等地快乐”“何等地幸福”中，要用“地”。因为这时，“何等”是副词，表示“多么”的意思。同类的例子再如：

（3）他们是何等地忙乱啊！

（4）老冯听了这些话，心中是何等地不悦。

当“何等”表示“怎样的”意思时，“何等”后用“的”；当“何等”表示“多么”的意思时，“何等”后用“地”。

120 “轰下台”和“哄下台”

“轰（hōng）下台”中的“轰（hōng）”是“驱赶”的意思。例如：

（1）把这几个人给我轰出去。

（2）他被管家轰出大门。

（3）老王用扫把轰走了打麦场边的麻雀。

“轰下（hōng）台”是“驱赶下台”的意思。例如：

（4）他的这番言论引起听众反感，人们高声怒骂，把他轰下台。

（5）人群里爆发出“下去！下去！”的喊声，他狼狈地被轰下台。

“哄（hòng）下台”中的“哄（hòng）”是“吵闹搅扰，开玩笑”一类意思。例如：

（6）他的意见是有道理的，别瞎起哄。

（7）他虽然答错了，你们也不该哄他。

“哄（hòng）下台”则是因“吵闹搅扰，开玩笑”而致使台上的人下了台。

例如：

（8）听众中发出一片“嘘——”声，持续不断，那人待不住，被哄下台了。

（9）学生们“嗷嗷”地叫喊起来，把那个人哄下了台。

“轰下台”跟“哄下台”这两种说法都可以说。从表达的角度说，如果侧重于“驱赶下台”的意思，宜用“轰下台”；如果侧重于被“吵闹搅扰”的举动赶下台，则宜用“哄下台”。

121 “红通通”与“红彤彤”

在《现代汉语词典》第5版中，“红通通”跟“红彤彤”是异形词的关系，而且推荐使用的是“红彤彤”。这显然跟《第一批异形词整理表》中的处理是相一致的。

不过，《现代汉语词典》第6版对此进行了调整，将两者分立了词条。从词条的释义来看，两者都用来形容“很红”，但“红通通”多了“红得通透”的含义。

“红通通”所举出的例子中有“炉箅子被炭火烧得红通通的”，从这个例句可以体味出“红得通透”的含义——炉箅子的一根根铁条被火烧得红透了。所举出的第二个例子是“小脸儿冻得红通通的”，这个例句不像炉箅子那样容易体会出“红得通透”的意味。

再看“红彤彤”的例句。第一个例子是“红彤彤的晚霞”。细想起来，被太阳光照射后变成红色的云朵，似乎也是“红得通透”的。而第二个例子“红彤彤的朱漆大门”则不会“红得通透”。

如此看来，“红通通”跟“红彤彤”的例句，都有“红得通透”的例子，也都有不容易体味出“红得通透”的例子。此外，也有人说“红彤彤”比“红通通”更鲜艳夺目，不过，往往也不易体味出来。这两个词的区别似乎很难在语意上把握。

从语用上看，平时说到晚霞，人们多说“红彤彤的晚霞”；而说到脸色，则多说“脸涨得红通通的”。比较起来，“红通通”口语、书面中都用，而“红彤彤”似乎多了一分书面语色彩。

一般情况下“红通通”跟“红彤彤”可以互换，但由于有色彩上的细微差异，行文时可从修辞角度考虑而有所取舍。

这种情况启示我们，对待语言生活中的“异形词”，其实不一定都要根据使用频率来分出高下，确定某个是推荐的，某个是建议淘汰的。异形词的存在，有的时候，具有修辞上的意义，如可助达成语体色彩的一致。另外，异形词在书面表达中，也有“避复”的修辞作用，即避免相同的词语重复出现。因此2001年《第一批异形词整理表》公布后，有关方面不再出台新的异形词规范，是很妥当的。

122 “互相”跟“相互”的不同

“互相”跟“相互”的用法不同。“互相”是副词，表示彼此间某种相同的对待关系。例如：

（1）虽然看起来是矛盾的，但是，这两个方面具有互相依存的关系。

（2）你们俩到了军校以后，要互相学习，共同进步，将来好为祖国的国防事业贡献力量。

（3）新同志跟老同志，应互相尊重，互相帮助，共同把工作做好。

（4）咱们两个企业要互相支持，一起把山羊养殖业做大做强。

（5）在大学里，他俩互相勉励，学习成绩都很不错。

“相互”可以做副词，也可以做形容词。做副词的时候，意思、用法跟“互相”相同。例如：

（6）同学之间要相互关心，相互帮助，一起把学习搞好。

（7）这时候，两支起义军相互影响，都开始重视团结一些地方势力。

（8）这几个高新技术研究单位由于离得很近，经常在一起讨论问题，结果相互促进，都发展很快。

“相互”做形容词时，表“互相的”，例如：

（9）这两位先生相互关系不错，相信他们能很好合作。

（10）他们姐妹相互感情很深，你不要说三道四。

（11）经过这一段时期的接触，两人相互的怨恨已经消失了。

从上面的例子可以看出，“互相”是副词，只能做状语，而“相互”既可充当副词，也可充当形容词，既可做状语，也可做定语。例如，可以说“相互感情”“相互的感情”，也可以说“相互关系”“相互的关系”；但不宜说“互相感情”“互相的感情”或“互相关系”“互相的关系”。也就是说，“互相”不宜做定语。

123 “划清界限”还是“划清界线”

“划清”是“区分清楚”的意思。例如：

（1）在这个问题上，首先要划清敌我界限。

（2）当我们讨论这一争议时，应当划清是非，统一认识。

（3）应当划清这两种政策的不同作用，然后决定先施行哪种政策。

（4）还是应该首先划清这两件事情的不同性质，分别进行处理。

（5）咱们必须划清这两种治疗范围相近的药的不同药性。

“界限”常用来指“不同事物的分界”。也就是指某种不同点。例如：

（6）这两件事情的界限在于是否事先征求并认真考虑了群众的意见。

（7）应当指出在这个问题上新、旧两种思想的界限。

（8）你们要打破行业之间的界限，实行大合作，尽快把质量搞上去。

（9）我们感觉，两种做法的界限还是很分明的。

（10）当时特别强调要分清敌我界限，不要乱了阵脚。

“界线”也用来指“不同事物的分界”，但主要用来指“两个地区之间分界的线”。例如：

（11）两国已经清楚地确定了山头上的界线，还立了界碑。

（12）山坡下的这条河自古以来就是两国的界线。

（13）操场的中央有一条白色的界线，将两个班的活动场地分开了。

“界线”虽然也有“界限”的义项，但是在表达“不同事物的分界”的意思时，人们一般采用“界限”。

从上面的例子可以看出，“划清”是“区分清楚”或“划分清楚”的意思，“界限”常用来指“事物的分界”，而“界线”使用范围较窄，多指地区之间的分界线。因此，提到区分两种事物的分界时，说“划清界限”比较合适。

“划清”含“区分”义，跟“界线”搭配是不合适的。因此不宜说“划清界线”。而“画出一条界线”中，“画出”跟“界线”的搭配是合适的，可以说“画出界线”“画出一条长长的界线”等。

124 “环比”跟“同比”比较的对象不同

“环比”一般指跟紧临的上一个周期相比。例如，说 8 月份某数据环比增长多少，是说比刚过去的 7 月份增长多少；说本周某数据环比增长多少，是说比刚过去的上一周增长多少。

“同比”一般指跟上一年同期比。例如，说 8 月份某数据同比增长多少，是说比去年 8 月份增长多少；说本周数据同比增长多少，是说比去年的这一周增长多少。

125 “汇集”跟“会集”的不同用法

“汇集”是“聚集”的意思，可用于各种事物和人。例如：

（1）首先把资料都汇集起来，然后再进行研究。

（2）无数细流汇集起来，成为江河。

（3）许多资金都汇集到银行里。

（4）在这个研究领域，汇集了众多高科技人才。

（5）游行队伍从大街小巷汇集到广场上。

“会集”一般用于人。例如：

（6）游行队伍从四面八方会集到广场上。

（7）好多人才都会集到这个团队里。

（8）大家决定，周六首先会集到老王家，然后一起去看演出。

从上面的例子可以看出，使用“汇集”没有限制，可用于人，也可用于物，使用“会集”则有限制，一般用于人，不用于物。

另外，“汇聚”“会聚”的区别跟“汇集”“会集”的区别相同，“汇聚”可用于人，也可用于物，“会聚”一般用于人。例如：

（9）各地的货物都通过船只汇聚到这里。

（10）客人们汇聚到大厅里，等待一位重要的嘉宾。

（11）几届毕业生会聚一堂，畅谈母校对自己的培养。

（12）亲友们会聚在餐厅，等待新娘和新郎到达。

上面的说法跟《现代汉语词典》里的说法是一致的。有的词典把“汇集”“汇聚”解释为“多用于物”。这种说法限制太死，且跟社会生活中实际使用情况不大一致，因此采用《现代汉语词典》里的说法比较妥当。

126 “机制”“体制”“制度”的区别

“机制”“体制”和“制度”都是多义词，在涉及社会生活时，它们各有一个义项意思比较接近，需要辨析。

“机制”可用来表示“一个工作系统的组织或部分之间相互作用的过程和方式”。例如：

（1）他们正在积极探索建立企业科技人员工资收入分配激励机制。

（2）在继续完善荒山租赁承包政策的同时，积极探索发展非公有制造林绿化的新机制。

（3）这个村的实践说明，让群众参与村级财务管理，建立符合实际的民主监督机制，才能真正取得成效。

（4）要进一步强化风险监管，建立市场准入和退出机制，完善基金管理预测和预警报告制度。

（5）这件事也反映出市政府危机事件反应机制尚不够迅速、灵活、高效。

从上面的例子可以看出，“机制”所指，都跟某种“作用”有关，可以说，“机制”多用来指起某种作用的系统。或者说，指某种成系统的作用。

“体制”指“机关、企业、事业单位等的机构设置、管理权限、工作部署的制度”。例如：

（6）必须坚持改革开放，不断完善社会主义市场经济体制。

（7）我国非常重视法制建设，正在积极推进司法体制改革，以确保在全社会实现公平与正义。

（8）我们要完善国有资产管理体制，以管资本为主加强国有资产监管。

（9）这家医院为全市医疗体制改革作了许多有益的探索。

（10）许多同志提出，要加大教育投入并积极推进教育体制改革 。

从上面的例子可以看出，“体制”指某方面的机构设置和运作。

“制度”可用来指“在某方面要求大家共同遵守的办事规程或行动准则”。例如：

（11）要严肃财经纪律、健全财会制度、加强人员管理、防范财务风险、强化监督检查。

（12）“黄金周”休假制度，对我市旅游业发展起到了巨大的拉动作用。

（13）该企业在劳动用工上，实施了全员竞争上岗和下岗分流制度。

（14）商家在对消费者承诺的同时，进一步严格内部员工管理制度是必要的。

（15）要加快大中城市的户籍管理制度改革。

从上面的例子可以看出，“制度”指办事规章或行动准则。

总起来说，如果侧重于指起某种作用的系统，或者说，侧重于指某种成系统的作用，宜用“机制”；如果侧重于指某个领域的机构设置和运作，宜用“体制”；如果侧重于指某方面的规定、规程、规章或行动准则，宜用“制度”。

127 “亟待”“亟须”和“急需”的意思和写法

“亟待”是“急迫等待”的意思。其中的“亟”是个文言词语，义为“急迫”“迫切”。例如：

（1）这件事情亟待解决。

（2）这片森林里的珍稀鸟类亟待保护。

“亟待”带有较浓的书面语色彩，因此“亟待”一词一般用于书面语中。《现代汉语词典》中有“亟待解决”的用例。

《现代汉语常用词表》（商务印书馆，2008年）中有“急待”（跟“亟待”同义）。可见“急待”在社会语文生活中也有一定流通性，但词典多未收录这个词形。

在人民网上搜索，看到“亟待”的使用率远远大于“急待”。故而，我们在写公文的时候，特别是写书面语色彩明显的公文的时候，宜用“亟待”，不宜用“急待”。这样做不仅使该词语的写法跟权威工具书相一致，也跟社会的主流写法相一致。

“亟须”是“急迫须要”或者“迫切要”的意思，也带有浓厚的书面语色彩。《现代汉语词典》中有“亟须纠正”的用例。

20世纪30年代出版的《国语辞典》中，曾有“急须”（跟“亟须”同义），现在的词典一般不收录“急须”这一词形。在人民网上观察，可以看到，“亟须”是主流用法，而“急须”则用得很少。另外，在古代，“急须”还是个名词，用来指“煮茶、暖酒的器具”或者“便溺器”。因此，我们写公文的时候，宜用“亟须”，不宜用“急须”。

“急需”是“紧急需要”或“急迫需要”的意思。《现代汉语词典》上有“急需”的词条，并有“急需处理”“以应急需”的用例。

虽然《新华多功能字典》上有“亟需根本转变”的用例，《现代汉语规范词典》上有“亟需血浆”的用例，但跟“急需”比较起来，在社会使用中“亟需”用例较少。例如在人民网上观察，“亟需”的使用数量远逊于“急需”。而且，在《汉语拼音词汇》《普通话水平测试实施纲要·普通话水平测试用普通话词语表》《现代汉语常用词表》中，都只有“急需”而无“亟需”。可见，就词语的流通性而言，“急需”远大于“亟需”。故此，我们在公文写作中，表示“紧急需要”时宜用“急需”，不宜用“亟需”。

坚持写“亟待”“亟须”“急需”，而不写“急待”“急须”“亟需”也有利于避免在公文写作中表示同一意思时词形歧出。

128 “记事”跟“纪事”用法的不同

“记事”是动词，常用来指把事情记录下来。例如：

（1）这是我的记事本儿，好多数据都记在里面。

（2）那是个记事用的小黑板，有事可以写在上面。

（3）上古的时候，古人曾结绳记事。

（4）文章不管写人还是记事，都要有一个中心思想。

（5）《春秋》三传中，《左传》侧重于记事。

“纪事”则常做名词，多用于书名、文章名等。例如：

（6）你读过《白洋淀纪事》吗？这篇文章很有意思。

（7）我昨天买了一本《唐诗纪事》和一本《词林纪事》。

（8）《石桥村改革纪事》一文已经在报上登出了。

（9）我看过话剧《桑树坪纪事》，觉得这个话剧很不错。

（10）昨天在网上看了电视纪录片《西行纪事》。

从上面的例子可以看出，当指“记录事情”时，宜用“记事”。而在文章的标题、书名以及各种文化作品的名称中，宜用“纪事”，不宜用“记事”。

129 “交汇”跟“交会”的不同用法

某媒体中说：“充满鲜艳色彩与阴影交汇的镶嵌玻璃……”其中“交汇”的使用是否妥当呢？

“交汇”跟“交会”用法不同。“交汇”表示水流或气流聚集到一起。例如：

（1）泾河和渭河在这里交汇，形成了“泾渭分明”的景观。

（2）在长江口，河水和海水交汇，因此水产资源丰富。

（3）寒流和暖湿气流常在这里交汇，因此这里常年多雨。

指其他事物的会合、相交，则宜用“交会”。例如：

（4）陇海铁路和京广铁路在郑州交会。

（5）两条高速公路在城市的东三环交会，那里有好几个车站。

（6）两支队伍在山口交会，随后各自奔向自己的目的地。

与此相关，“汇合”跟“会合”也有相同的区别。例如：

（7）两条河在这里汇合后，形成一条大河。

（8）这两支游击队会合后，一起向县城方向进发。

“交汇”“汇合”的行为动作完成之后，相关事物多融为一体，因此这两个词包含了“融合”的意味。故而说到抽象事物的碰撞、融合时，多用“交汇”“汇合”。例如：

（9）东西方文化在这里交汇，产生了一种新颖的艺术形式。

（10）两种绘画理念在这里汇合，从而诞生了一些新理念的油画。

（11）在这篇小说中，作者将两种表现手法汇合起来，风格十分新颖。

“充满鲜艳色彩与阴影交汇的镶嵌玻璃”不是指水流、气流，也不是指抽象事物，宜说成“充满鲜艳色彩与阴影交会的镶嵌玻璃”。

130 “教师”跟“老师”用法上的不同

“教师”指担任教学工作的专业人员。“教师”有书面语色彩，因此在书面上常用“教师”而不用“老师”。例如：

（1）作为一名人民教师，我有责任把课上好。

（2）今年，在我县的教师队伍中，增加了不少青年同志。

（3）今天给大家上课的是一位特级教师。

（4）教师资格考试是实施素质教育、提高教育质量的一个重要环节。

“老师”是对教师的尊称，现在也用“老师”来泛称文化、技艺等方面值得学习的人。例如：

（5）赵老师成功扮演了很多角色，一直是我演艺生涯中的偶像。

（6）刚才听了李丹阳老师唱的这首歌，对我启发很大，今后自己演唱这首歌时，要多学习李老师对歌曲细腻得当的处理。

（7）周老师是一位很有成就的专业作家，我拜读了他几部长篇小说，对我的写作很有帮助。

“教师”没有这种用法。比较起来，“教师”使用范围较窄，仅用来指从事教学工作的专职人员，而“老师”使用范围较宽，还可以用来称呼其他专业的人员。

另外，当人们面称某人时，多用“老师”而不用“教师”。例如：

（8）王老师，您去哪儿啊？

（9）周老师，您在这儿哪，我到处找您。

还有，人们常说“某某的老师”，一般不说“某某的教师”。例如：

（10）小刘的老师来了，找你有事。

（11）要不，你先跟孩子的老师谈谈。

（12）我上初中时，他是我的老师。

131 “接收”“接受”“接手”的不同

先说“接收”“接受”的不同。

“接收”的对象一般是具体的。例如：

（1）经过理事会的研究，这个学会上个月接收了一批新会员。

（2）新公司接收了原公司一批重要的档案材料。

（3）该集团接收了几个处于困境的小企业后，实现了双赢。

（4）现在，处于边远地区的这个县城，可以通过卫星接收许多信息。

"接受"的对象可以是具体的，也可以是抽象的。例如：

（5）老李接受了老刘送来的礼品。

（6）这几年，乡政府多次接受爱国侨胞的捐款，这些款项根据侨胞意愿大多用于发展当地的教育事业。

（7）作为学生，你应当虚心接受老师的批评，这样做对你有好处。

（8）经过老李一番劝说，小张接受了同志们的帮助。

（9）老钱表示，他要认真接受这个事件的教训。

（10）李排长接受了新的任务之后，就出发了。

从上面的例子可以看出，"接收"的对象一般仅限于具体事物，而"接受"的对象虽然可以是具体的，也可以是抽象的，但更常用于抽象的事物。除了上面举出的例子外，再如"接受考验""接受批评""接受领导""接受建议""接受新事物"等。

"接受"可以带动词性宾语，例如：

（11）他接受了记者的采访。

上面例子中的（6）至（9）的"接受"也带的是动词性宾语。

"接收"则不可以带动词性宾语，如（11）中的"接受"不能用"接收"来替换。"接收"的对象可以是人员，例如（1），而"接受"的对象一般不能是人员，（1）中的"接收"不宜用"接受"来替换。

"接收"跟"接受"都表示"收受"，而"接手"则表示"接替"。例如：

（12）老张调走后，报纸副刊的编辑工作由小王接手。

（13）从本周开始，李教练的工作由王教练接手，王教练已经开始指导几个新运动员了。

132 "揭秘"跟"解密"用法不同

有人问，"听了刚才专家说的有趣的现象之后，你赶快动手动脑用科学来解密吧"这句话中"解密"的使用是否正确。

“听了刚才专家说的有趣的现象之后,你赶快动手动脑用科学来解密吧”这句话是说用科学的方法揭开“上面说的有趣的现象”中所隐含的秘密。也就是说,所要表达的是“揭开秘密”的意思。表示这个意思时,宜用“揭秘”。例如:

(1)我先讲一个探案的故事,然后揭秘神探破案的道理。

(2)老师先告诉我们一个有意思的自然现象,然后揭秘,引起同学们很大兴趣。

(3)报纸上刊登的这段引人注目的历史公案有待揭秘。

(4)这本书对当时两国神秘、激烈的情报战进行了揭秘。

(5)刚播出的这个电视科教片对几种神秘的自然现象详细揭秘,引起不少青少年的兴趣。

“解密”则是“解除保密”的意思。常见的用法有二:

1. 解除对文件等的保密规定,允许公布。例如:

(6)这份文件今年已经到了保密期限,可以解密了。

(7)经批准,几项多年前的国防科技成果昨天宣布解密。

(8)从该国解密的历史档案中,我们可以了解到当时的许多情况。

2. 除去密码,使文件等可读取(多用于网络)。例如:

(9)我已经给这个文件夹解密,您可以浏览了。

(10)该文件解密后,已经发给各位评委,大家都可以读了。

(11)我今天就给这份文件解密,然后将文件放到咱们网站的首页上。

从上面的例子可以看出,“揭秘”是指揭示社会上或者自然界的某种秘密,将某种秘密揭示后,人们可以了解到其中的道理或者真相。“解密”是一种主观解除某种保密规定或措施的行为,“解密”的使用范围较窄。

133 “决非”跟“绝非”语意上的细微差别

“决非”中的“决”是副词,表示“坚决、一定”的意思。“决非”中的“非”是动词,表示“不是”的意思,具有书面语色彩。因此,“决非”可以理解为“一定不是”。例如：

（1）此事决非老冯所为，建议再作调查。

（2）这个主张决非刘处长提出来的，我上次跟他谈过这个问题，我对他的想法非常了解。

（3）我看，此事决非老吴有意为之，是他遇到突发情况后，情急之下考虑不周而采取的做法。

（4）这道菜决非今天做的。

“绝非”中的“绝”是副词，表示“绝对，完全”的意思。“非”也是动词，表“不是”。“绝非”可以理解为“完全不是”。例如：

（5）我说的意见，绝非少数人的想法，是值得有关部门认真考虑的。

（6）老孙的话绝非此意，您误解了。

（7）刚才听的歌儿，绝非我说的那位歌星唱的，我听得出来。

（8）我已经仔细看过了，这几件瓷器绝非元代真品。

从上面的例子可以看出，“决非”跟“绝非”都表示强烈的否定，意思大体相同，故此句子里的“决非”和“绝非”往往能互换而基本意思不变。例如（1）中“决非”可以换成“绝非”，（5）中的“绝非”可以换成“决非”。但“决非”跟“绝非”语意上有细微差别，当强调“坚决、一定”的语意时，宜用“决非”；当强调“绝对，完全”或者“排除任何例外”的语意时，宜用“绝非”。

134 “空当”“空挡”和“空档”

“空当”读 kòngdāng，意思是“空隙”的意思，指没有占用的时间或空间。例如：

（1）书架上摆满了书，一点儿空当也没有，他只好把飞机模型放到柜子里。

（2）饭店门口停满了汽车，找不到空当，小李只好把车开到附近商场的地下车库。

（3）这周每天不是开会就是修改文章，时间很紧，没空当，过两天再约时间吧。

（4）这几天事情太忙，趁这会儿有点儿空当，我去趟邮局。

在普通话口语里，“空当”常读成儿化词，因此（1）至（3）中的“空当”都可以读成 kòngdāngr。

“空挡”读 kōngdǎng，指汽车、拖拉机等没有挂上挡、不能获得驱动力的状态。例如：

（5）汽车停在原地，挂的空挡，发动机没停，仍在呜呜响。

（6）小刘把空挡改成倒挡，慢慢把车停到车位上。

“空档”读 kòngdàng，指没有占用的档期或某种物资短缺的时间段。例如：

（7）这部新影片要利用当下市场的空档赶紧上映。

（8）他们从南方调运蔬菜，来填补北方蔬菜短缺的空档。

从上面的例子可以看出，“空当”指某种空隙，可用于时间方面，也可用于空间方面。“空挡”应用范围较窄，只指某种机器没挂上挡，发动机在空转的情况。“空档”应用范围也很窄，只表示某种事务没占用的档期或者某种物资供应短缺的时间段。应当注意，这三个词语读音不同。

135 “谅他不敢”还是“量他不敢”

“谅”有“料想”“估计”的意思。例如：

（1）谅那小蹄子也没这么大福，我们也没有这么大造化。（《红楼梦》第四十六回）

（2）因为敏明每次必在那里坐，这回不见她，谅是没有来。（许地山《缀网劳蛛·命命鸟》）

（3）上周所寄公函，谅已收到。

（4）谅先生不会因此怪罪我。

（5）谅老王不会这么做。

“量（liàng）”有“衡量”的意思。例如：

（6）咱们还是量入为出地花钱吧，凡是要从长远着想。

（7）做这些事情，量力而行比较好。

（8）他们硬要这么做，真有点不自量力。

（9）对这些人，宜量才录用。

（10）这是给他量身定做的一套西装。

因此，宜写“谅他不敢”，不宜写“量他不敢”。“谅他不敢”中的“谅”是“料想”“估计”的意思。

136 “凌乱”跟“零乱”的用法有什么不同

“凌乱”是说“不整齐，没有秩序”，也就是指紊乱。例如：

（1）一阵风过来，把她的头发吹得很凌乱，她忙用手理了理。

（2）他看见桌子上的东西放得很凌乱，便走过去收拾了一下。

“凌乱”有时也用来形容人的烦乱的心情。例如：

（3）这几件事情，弄得他最近心绪凌乱，不想出去旅游。

（4）她坐了下来，喝了杯水，让自己凌乱的心情稳定一些。

“零乱”也用来指“不整齐”。例如：

（5）书架上的书搁得这么零乱，你也不收拾收拾。

（6）餐桌上零乱地放着餐具。

“零乱”有时在表达“不整齐”的同时，还有“零碎”“细小”的含义。例如：

（7）墙角堆满了零乱的杂物。

（8）盒子里放着些零乱的物件。

从上面的例子可以看出，“凌乱”跟“零乱”都可以用来形容某种“无序”

的状态，例如（1）（2）和（5）（6）。因此，表示“不整齐”的意思时，两者都可以用。此外，这两个词还有两点区别：

第一，“凌乱”可以用来形容人的心情“烦乱”，例如（3）（4），“零乱”则没有这种用法。

第二，“零乱”在表示“无序”的同时，有时含有“零碎”“细小”的意思，例如（7）（8），而“凌乱”没有这种用法。

137 “溜”跟“遛”的不同

“溜”跟“遛”的用法不同。“溜”有一声 liū 和四声 liù 两个读音，“遛”只有四声 liù 一个读音。

“溜”读一声 liū 时，表示下面几个意思：

1. 光滑。例如：

（1）河边有许多光溜的鹅卵石。

（2）这块石头的表面挺滑溜。

2. 滑动。例如：

（3）我年轻的时候，喜欢溜冰，冬天常去什刹海冰场。

（4）好几个小孩儿在那儿溜滑梯。

3. 沿着，顺着。例如：

（5）这儿人太多，咱们溜边儿走吧。

（6）你再溜墙根儿找找，丢不了。

4. 粗略地看。例如：

（7）他溜了一眼院子，就把里头鬼子的情况都记住了。

（8）小胡两眼从门缝溜了一下，就说：“里头没人。”

5. 很，非常。例如：

（9）小李听到这个消息，眼睛瞪得溜圆。

（10）桌子上放着一根溜直的木头。

6. 偷偷走掉或进入。例如：

（11）趁别人不注意，他悄悄溜了，离开了会场。

（12）半夜溜进来一个小偷，几个人都没发现。

“溜”读四声 liù 时，常表示：

1. 急速的水流。例如：

（13）河里的溜很大。

2. 某处附近。例如：

（14）这一溜儿将来都种上果树。

3. 做量词，用于成排或成条的事物。例如：

（15）这一溜平房下个月就拆迁。

4. 填充缝隙。例如：

（16）墙已经砌好了，就差溜缝儿了。

5. 做事快（而且好）或顺畅。这时“溜”是形容词。例如：

（17）他英语说得倍儿溜。

（18）李老师粉笔字写得特溜。

“遛”表示散步或者牵着动物走。例如：

（19）每天吃了晚饭您出去遛遛。

（20）我每天遛半个小时的狗，同时也锻炼身体了。

从上面的例子可以看出，“溜”读四声 liù 时，没有表示人行走的意思，因此宜写“遛狗”，不宜写“溜狗”。

138 “蛮”跟“满”的不同

“蛮”表示“程度深”的时候，相当于普通话中的“挺”。这种用法是从方言中来的，带有方言色彩。例如：

（1）这兄弟俩长得蛮像的。

（2）孩子虽小，可是蛮有礼貌。

（3）看样子，身体蛮好啊！（周而复《上海的早晨》）

（4）都觉得这位母亲是蛮可爱蛮可爱的。（方志敏《可爱的中国》）

（5）列车开得蛮快的，时速大约二百公里吧。

“满”表示“全”或“完全”例如：

（6）他摔了一跤，满身是泥。

（7）满屋子是烟，快把门打开！

（8）这类事他做了好多次了，满有把握的，你放心吧。

（9）多年来他在这一领域做出许多成绩，担任顾问，满有资格。

（10）你别满不在乎，要认真总结这次事故的教训。

（11）你别听他的，满不是那么回事儿。

在北方人说普通话的时候，表“程度深”一般多说“挺”。南方人说普通话的时候，常用“蛮”来表程度深，意思相当于“挺”或“很”。

从使用来说，表示“挺”的意思时，可用“蛮”，尤其是在形容词前。例如人们多说“蛮好”。因此，表示“挺不错”的意思时，也可说“蛮不错”。

139 “耙子”跟“筢子”用法不同

“耙子”跟“筢子”都可以用来聚拢或散开柴草、谷物等。不过，“耙子”跟“筢子”的形状略有不同。虽然都有长柄，但“耙子”前面有齿，这种齿可以是铁的，也可以是木头的或者竹子的。这种齿是装上去的，跟长柄方向垂直。而“筢子”则前端没有这种齿，它有用竹子或铁丝弯成的弯钩。有的筢子是用一根竹子做的。竹子的一端劈成若干细条，然后在水里浸泡。之后取出在火上烤，同时加力使之弯过来，成为弯钩。冷却后这个弯钩便固定下来。这时筢子虽然也有“齿”，但跟“耙子”不同，这些齿不像“耙子”的齿那样跟长柄垂直，而是逐渐弯过来的。

《西游记》中猪八戒手持的武器九尺钉耙，即“耙子”一类物件，而不是“筢子”一类物件。

另外，耙子的坚固性一般优于“筢子”，因此，人们不仅用“耙子”搂柴草，给麦子脱粒时搂麦草，还用耙子来平整土地。而“筢子”则多用于搂柴草，或在席子上晒玉米粒等时搅动席子上的粮食。

140 “砰砰狂跳的心”应写成“怦怦狂跳的心”

某媒体中说：“那天我特意理了发，刮了胡子，穿上崭新的军装，揣着砰砰狂跳的心前往。”其中的“砰砰”用得不妥。

“怦”跟“砰”虽然都是拟声词，但用法不同。

“怦”用来形容心跳的声音。例如：

（1）看到这么好用的家庭电动压面机，爱吃面条的老李怦然心动，当即掏钱买了一个。

（2）忽然听到一声巨响，吓得她心里怦怦直跳。

（3）这时候，四周十分寂静，他好像听到了自己怦怦的心跳声。

“砰”则用于心跳之外的撞击声或重物的落地声等。例如：

（4）他没留神，头砰的一声撞在门上。

（5）杯子砰地掉在地上。

（6）忽然听到砰的一声，原来是花盆掉在地上摔碎了。

从上面的例子可以看出“砰”跟“怦”虽然都是拟声词，读音也一样，都读 pēng，但在书面语中是有明确分工的。“怦”只用于心跳，而“砰”则用于其他声响。因此“砰砰狂跳的心”应写成“怦怦狂跳的心”。

141 “僻静”“寂静”“幽静”“宁静”用法的不同点

“僻静”是偏僻安静的意思。例如：

（1）颐和园后山一带原先很僻静，现在沿河修建了不少房屋，也变得热闹起来了。

（2）那是一条僻静的小路，平时很少有人走。

（3）城乡接合部有些街巷很僻静，行人甚少。

（4）他每天早上起来，喜欢在公园比较僻静的地方打太极拳。

（5）一个男孩儿站在僻静的林间小道上练习拉小提琴。

“寂静”指一点声音也没有，十分安静，是一种客观的描述。例如：

（6）这是一座小城，清晨十分，街道上十分寂静，鲜有路人。

（7）当演员演到这儿的时候，观众被感动了，台下一片寂静。

（8）这个村子不少人出去打工，一到晚上，更显得寂静。

（9）剧团来到后，原先寂静的小山村一下子热闹起来。

（10）我在山上采药时，四周非常寂静，没有一点儿声音。

“幽静”指环境安静，也指环境优雅而安静。例如：

（11）夜深了，四周十分幽静。

（12）我家虽然住在一条小胡同里，但这儿很幽静，适合写作。

（13）别墅附近树林蓊郁，湖波荡漾，环境十分幽静。

（14）小小的寺院里种着几棵海棠树，平时很幽静。

（15）老舍先生的小院儿有柿子树、鱼缸，颇为幽静。

“宁静”指环境安静或者指心情平静。例如：

（16）这里游人很少，湖边十分宁静。

（17）清晨，北海公园的岛上，游客稀少，很宁静。

（18）经过李老师一番疏导，她心里渐渐宁静下来。

（19）自从听说这件事后，他心里总是不宁静。

（20）心里宁静，就不感觉那么热了。

142 “启动该项计划”还是“起动该项计划”

“启动”跟“起动”用法不同。

“起动”的使用范围较窄，一般只用于表示机器、仪表、电器设备等开始工作。例如：

（1）数控机床已经起动，十分钟后，零件就可以加工好了。

（2）显示器已经起动，开始自动记录数据。

（3）这时，电动机已经起动，帐篷里的用电有了保证。

“启动”使用的范围较广，下面分别举例说明。

1. 用来表示机器、仪表、电器设备等开始工作。这一点跟“起动”是相同的。例如：

（4）这时候，小刘摁了一下电钮，启动了机器。

（5）心脏监护仪已经启动，从屏幕上可以随时观察心脏工作的情况。

（6）电饭锅已经启动，十来分钟后，就可以吃饭了。

2. 用来表示规划、方案、计划等开始实施。例如：

（7）这项扶贫计划已经启动，一两年后，将使得附近几个乡的村民脱贫致富。

（8）侦查人员立即启动了预备方案。

（9）公司启动这个计划后，绿色食品的产量和销量都提高了。

3. 开拓，发动。例如：

（10）他们开始启动这一地区的农村市场。

总起来说，“启动”的使用范围较广，可以用于机器类事物，也可以用于计划类事物等，而“起动”则一般只用于机器类事物，不用于计划类事物。因此，应说“启动该项计划”。

143 “启航”跟“起航”的区别

某媒体中说：“他燃起了我对人生重新起航的希望。”这句话中的“起航”使用不妥。

“启航”指轮船、飞机等第一次航行。（参见《现代汉语词典》）例如：

（1）这艘船刚造好，明天上午举行仪式后将启航。

（2）我国自行研制的新式驱逐舰已经完工，本周三将启航。

（3）这种支线飞机是我国自己制造的，预计下月启航。

（4）农用飞机已经造好了，不久将启航，为农业生产服务。

“起航”是指轮船、飞机等开始航行。例如：

（5）下午五点，这艘轮船已经起航，你赶不上了。

（6）这两天风浪太大，渔船不能起航。

（7）飞机下午两点起航，三小时后，抵达上海。

（8）在飞机起航前，乘务人员向乘客讲解乘坐飞机的注意事项。

从上面的例子可以看出，“启航”仅仅指第一次航行，而“起航”则是指轮船、飞机日常的开始航行。

“他燃起了我对人生重新起航的希望”中的“人生重新起航”要表达的意思是人生重新出发，重新踏上征程，也就是再次开始起步。按照这个意思来说，用“启航”比较合适。

144 “气候怡人”宜写成“气候宜人”

某媒体中说：“会议期间，北京交通便利，气候怡人。”其中的“怡人”用得不妥。

“怡人”是说使人愉快。例如：

（1）这里的山光水色十分秀美，怡人心怀。

（2）海边风景怡人，咱们去那里散散步吧。

（3）我们徜徉在昆明湖畔，这里山水怡人，让我忘记了几天来的烦恼。

（4）北海公园景色怡人，星期天游人很多。

（5）他们领略了高山草甸的怡人风光。

“宜人”是说适合人的心意。例如：

（6）这里四季长春，气候宜人，一年到头，游客不减。

（7）山边桃花盛开，天气温暖宜人，许多人到这里郊游。

（8）杭州景色宜人，是著名的旅游胜地。

（9）阳朔春风拂面，风光宜人，我们在这儿多待了几天。

从上面的例子可以看出，“怡人”指使人心情愉悦，所以多跟自然风光相联系。“宜人”指合人心意，因此既可以跟自然风光相联系，也常跟气候、天气相联系。也就是说，“怡人”一般只关涉自然风光，而“宜人”既可关涉自然风光，也可关涉气候、天气。提到“气候”时，一般用“宜人”，意思是说气候适合人。故而《现代汉语词典》等工具书中有“气候宜人”的例子。

值得注意的是，同样是跟自然风光相联系，但用“怡人”跟用“宜人”意思不同。例如“风景怡人”是说自然风光使人愉快，而“风景宜人”是说自然风光很适合人。

145 “情义”跟“情谊”的不同用法

“情义”指亲属、同志、朋友之间应该有的感情。例如：

（1）这对母女的情义非常感人。

（2）这充分体现出了他们几十年的战友情义。

（3）两人从未争吵过，总是互相帮助，可谓朋友情义很深。

（4）虽然在海外这么多年，但是他对哥哥始终怀有深深的兄弟情义。

（5）他没有不顾父子情义，对父亲的安排，是有周到考虑的。

“情谊”则指人与人之间相互关爱的情感。例如：

（6）在共同的探索中，两位舞蹈表演艺术家结下了深厚的情谊。

（7）他们在战斗中建立了深深的情谊。

（8）他的真挚情谊让周围的人十分感动。

（9）这些捐赠非常及时，但更宝贵的是无价的情谊。

有时，可以用“情义”，也可以用“情谊”，但语意侧重点有所不同。例如“师生情义”是说师生间应有的感情，“师生情谊”则侧重于指师生间相互关爱的情感。

146 “顷”跟“倾”的不同

“顷”读三声 qǐng，有两个意思，一个是表示土地面积的单位，一顷等于一百亩。“两顷地”即二百亩地。“碧波万顷”是形容碧绿的水面广阔无际。目前“顷”的表示土地面积单位的用法比较少见。

“顷”的另一个意思是表示时间，具体有三个义项。

1. 表示“极短的时间”。“顷刻”“少顷”“有顷”“俄顷”中的“顷”都是这个意思。

2. 表示“不久前”或“刚才”。例如：

（1）顷接来信，方知此事，望周到考虑，妥善处理。

（2）顷闻佳音，甚为欣慰。

（3）顷接军方情报，得知敌两个师将从我处路过。

3. 表示某个时间左右。例如

（4）光绪十年顷，发生了这么件事。

（5）宣统二年顷，才出现这种情况。

例（4）是说事情发生在光绪十年左右，例（5）是说宣统二年左右才出现某种情况。“顷”的这三种用法，都具有明显的书面语色彩。

“倾”读一声 qīng，有这么几个意思：1. 表“歪，斜”，如“倾斜”“身体前倾”。2. 表“偏向”，如“倾向”“左倾”“右倾”。3. 表“倒塌”，如“倾覆”“大厦将倾”“杞人无事忧天倾”。4. 表“从器物里倒东西”，如“倾倒（dào）”“倾盆大雨”“倾箱倒箧（qiè）”。另外，在文言说法“权倾朝野”中，是“压倒”的意思。应当注意，“倾”不要误读为三声 qǐng。

147 “沙”跟“砂”的不同

“沙”指“细小的石粒”，“砂”也指“细小的石粒”。但在词语中，两者使用的情况有所不同。

在表示自然界细小的石粒时，多用“沙”。例如：

（1）这些沙子是刚从河里挖出来的。

（2）村子的东面原来有个大沙丘，现在看不见了，上面都种上了泡桐树。

（3）春天，这一带有时出现沙尘暴，你们要当心。

（4）这些防沙林发挥了重要作用，有效阻止了荒漠化蔓延的势头。

（5）刮大风的时候，山谷里飞沙走石，人无法通行。

在表示跟“人工制作”或者“建筑”有关的词语中，多用“砂”。例如：

（6）这块木头用砂布打过以后，变得光滑多了。

（7）用砂锅炖出的肉非常好吃。

（8）他检查非常仔细，只要发现砂眼，铸件就被他扣留了。

（9）工人们把砂浆用推车送到施工现场。

（10）这是建筑工地需要的砂石，需要赶快运送过去。

上面的（6）至（8）中的“砂布”“砂锅”“砂眼”都跟“人工制作”有联系，而（9）（10）中的“砂浆”“砂石”则跟“建筑”有关。当然，这只是大体上的一个情况，具体的词形，宜以《现代汉语词典》为依据。

148 “上书”跟“上疏”用法的不同

“上书”经常用来表示“给上级或地位高的人写信陈述见解”。例如：

（1）（齐威王）乃下令：群臣吏民，能面刺寡人之过者，受上赏；上书谏寡人者，受中赏……（《战国策·齐策一》）

（2）布衣三十上书回，挥手东华事可哀。（龚自珍《送南归者》）

（3）当时，为了反映这个问题，他们上书省里，说明了具体情况。

（4）老先生给省领导上书言事，所述问题受到有关部门的重视。

“上疏”则指“臣下向皇帝进呈奏章”。例如：

（5）齐人之上疏言神怪奇方者以万数，然无验者。（《史记·武帝本纪》）

（6）上疏乞骸骨，黄冠归故乡。（杜甫《遣兴》诗之四）

（7）当是时，大理少卿康澄上疏言时事。（《新五代史·明宗纪论》）

此外，“上疏”有时也指“向皇帝所上的奏章”，这时是名词。例如：

（8）仲舒所著，皆明经术之意，及上疏条教，凡百二十三篇。（《汉书·董仲舒传》）

（9）所著赋、颂、铭、诔、问、注、哀辞、书、论、上疏、遗令凡十六篇。（《后汉书·列女传·曹世叔妻》）

“疏”有“封建时代臣下向皇帝陈述事情的呈文”的意思，因此可以用“上疏”表示“向皇帝进呈奏章”。

从上面的例子可以看出，“上书”指地位低的人向地位高的人写信陈述见解，古代和现代都使用。在古代多指臣下向皇帝写奏章陈述自己的见解，在现代则多指向上级或地位高的人写信陈述见解。而“上疏”一般用于古代，表示向皇帝进呈奏章。两者的使用范围有所不同。

149 “尚且年幼”宜说成“尚年幼”

某媒体中说：“父亲牺牲时自己尚且年幼，对细节的记忆已模糊不清……”其中的“尚且”用得不妥。

“父亲牺牲时自己尚且年幼”，是说“父亲牺牲时”自己还年幼。表示这个意思时，宜用副词“尚”。例如：

（1）老李这个想法思路很好，但尚不成熟，再深入研究一下吧。

（2）张家村这个新做法的效果是否理想，尚待观察。

（3）现在就将这一研究成果大面积铺开，为时尚早。

从上面的例子可以看出，这里的副词“尚”表示“还”的意思。而“尚且”没有副词“还”的用法，只有连词用法。“尚且”后面的分句常用“何况”“更”来与之呼应。例如：

（4）乘地铁尚且来不及，何况坐无轨电车呢？

（5）为了保卫祖国，流血牺牲尚且不怕，更别说流点儿汗了。

（6）他读宋词尚且有困难，读楚辞就更不容易了。

从这三个例子可以看出，有“尚且”的前一分句是用来衬托、凸显后一分句的意思的。整个句子表示一种递进的语意。

“尚”除了做副词表示“还”之外，也可以做连词，意思相当于“尚且”。例如：

（7）他学了半年，动作尚不熟练，更不用说学了三个月的小刘了。

（8）古人尚知此理，何况今人呢？

（9）书法班的学生尚写得如此好，更不用说他们的老师了。

总起来说，“尚”有副词用法，也有连词用法，而“尚且”只有连词用法而无副词用法。也就是说，“尚”可表示“还”“尚且”的意思，而“尚且”只做连词，不用来表示“还”的意思。即“尚”的使用范围大于“尚且”，并包含了“尚且”的用法。

虽然有人偶用“尚且”表示副词“还”的意思，但我们还是应该依据《现代汉语词典》等权威工具书的说法和社会主流用法，将“尚且”做连词用而不做副词用。

因此，“父亲牺牲时自己尚且年幼”宜写成“父亲牺牲时自己尚年幼”。

150 “稍后”跟“稍候”意思有别

“稍后”是“稍微往后”的意思，多用于时间。例如：

（1）这个问题我考虑一下，稍后找您谈。

（2）先请市长讲话，稍后演出开始。

（3）他临时出去了，请您稍后再来电话。

（4）稍后，也来了两个买项链的人。

“稍候”是说“稍微等候”。例如：

（5）请您稍候，我把老李叫来。

（6）您坐在这儿稍候，他马上就来。

（7）请稍候，医生马上就到。

（8）请两位稍候，我去报告局长。

从上面的例子可以看出，“稍后”一般用来表示时间上“过一会儿”，而“稍候”则表示请对方“等一会儿”。

151 “神志”跟“神智”的不同

某媒体上说“这时他有些神智不清”，其中的“神智”应为“神志”。

“神志”指人的意识和理智。例如：

（1）他太困了，眼睛都睁不开了，神志有些不清，对老王的问话只“嗯”了一声就睡着了。

（2）小李酒喝多了，坐到驾驶的位子上时，觉得神志模糊，便让别人开车，自己到后座打盹去了。

（3）虽然吃了安眠药，他仍然神志清醒，把文件锁进保险柜，才躺下睡觉。

（4）推进急诊室的病人似乎受了重伤，神志昏迷，医护人员立即实施抢救。

（5）我跟他说话的时候，感觉他有些神志恍惚，肯定是几天来没休息好造成的，赶紧劝他回去睡觉。

“神智”则指人的精神和智慧。例如：

（6）一本好书会益人神智。

（7）这些格言式的话语，显示出作者非凡的神智。

（8）从这些话里，可以看出这位先哲非同一般的神智。

总起来说，“神志”是指人的意识、知觉，常用来说明人的头脑清醒不清醒，例如（1）至（5）。“神智”则主要指人的精神和智慧，指人的精神境界和聪明才智，例如（6）至（8）。两者意思不同，不宜混用。在现代语言生活中，比较起来，“神志”较常见，而“神智”用得少些。因此，“这时他有些神智不清”，应写成“这时他有些神志不清”。

152 “审订”跟“审定”各有侧重

“审订”跟“审定”都有“审阅”的意思，但侧重点有所不同。“审订”侧重于“审阅修订”。也就是说，在“审订”的过程中，主要是对一些不妥当或不完善的地方进行修改。例如：

（1）上周我们参加了这套语文教材的审订会，与会人员提出了不少修改意见。

（2）这本工具书经过有关专家多次审订，质量有了明显提高。

（3）那篇稿子正在由几位学者审订，估计一个月后，就可定稿。

“审定”侧重于“审查决定”。也就是说，在“审定”的过程中，主要是决定被审阅的东西可用不可用，或者需要作何种修改等。例如：

（4）他们的方案经过上级审定，决定于下半年开始施行。

（5）这个计划经领导审定后，就可以具体实施了。

（6）这个合同还要送有关部门审定，通过后才可以签字。

从上面的例子可以看出，说“审订”时，往往要进行某些具体的修改，图书、教材、文稿等常要用到“审订”；说到“审定”时，往往要决定是否采用或退回重搞等，方案、计划、规章等常要用到“审定”。“审订”多由专家进行，而“审定”则多由上级、领导进行。

有时候，同一个词语既可以跟“审订”连用，也可以跟“审定”连用，但意思有所不同。例如：

（7）该报告经过多次审订，补充了不少数据。

（8）该报告经过审定，决定于下周公布。

例（7）是说报告经过审订后，内容有所补充，而（8）则是说报告经过审定，已经被批准公布。

153 “失之偏颇”还是“有失偏颇”

这牵扯到“失之”跟“有失”的辨析。

“失之”是“失之于”的意思。例如：

（1）这篇文章的分析失之粗疏，不宜采用。

（2）他的这些说法恐怕失之片面，难以服众。

（3）老李之所以把事情搞糟，失之盲从。他自己要多动脑子。

（4）张先生没能避免损失，是因为他不听别人的劝告，失之固执。

（5）这一做法最终导致公司失之短视，遭受巨大损失。

（6）刘先生对这位历史人物的评价引发不少批评，原因在于他的意见失之偏激。

（7）他失之大意，被特务盯梢，好不容易才摆脱。

（8）马先生的做法失之草率，引起一场混乱。

这种说法表示，“因……而失误或失败”，“失之”后的词语表示引起失误或失败的原因。由于导致的是“失误或失败”，因此“失之”后表示原因的词语均指某种负面因素，故而多带有贬义。

“失”有“过失”的意思。例如：

（9）臣闻秦有十失，其一尚存，治狱之吏是也。（《汉书·路温舒传》）

（10）为刺史，政事有小失，母责之……（《新五代史·王殷传》）

“失之××”可以理解为“（有）过失于××”或“失误于××”。表示因观念的偏颇而导致失误或失败，宜说“失之偏颇”。例如：

（11）他对这位历史人物的评价失之偏颇，所以采信的人不多。

（12）老郭对这一地区经济发展形势的估计恐怕失之偏颇。

《现代汉语词典》第6版在给“偏颇”一词举例时说：

（13）这篇文章的立论失之偏颇。

“有失”是“失去”的意思。含有“在某方面有所不足”的意味。例如：

（14）今天他在球场上的表现，有失平日水准。

（15）你如果这么说，恐怕有失公允吧。

（16）老王今天的发言态度过于激烈，有失风度。

（17）他从未做过有失气节的事情。

（18）出席晚宴穿这套服装是否有失体面？

（19）在涉外活动中的言行要谨慎，以免做出有失国格的事情。

（20）不能信口雌黄，污蔑别人，这样做有失人格。

（21）小刘昨天太着急了，有的话有失慎重。

（22）欢迎您，今天有失远迎，非常抱歉。

“有失”后面的词语所表示的“品质”，是应该具有的。因此，在“有失”之后，表示这种应该具有的“品质”的词语，多是中性或褒义的。这跟“失之……”的说法恰好相反。故而，在使用中宜留意，“失之”后面的词语的意思一般是负面的，而“有失”后面的词语的意思一般是正面的。“偏颇”是含贬义的词，意思是负面的，因此应说“失之偏颇”，不说“有失偏颇”。

另外，“失之东隅，收之桑榆”“失之毫厘，谬以千里”“失之交臂”等词语中的“失之”后都不是含有贬义的词语，其中的“失之”总的说，是“失去”的意思，跟“失之偏颇”中的“失之”有所不同。

154 “师父”跟“师傅”用法的不同

在日常生活中，“师傅”是个很常见的词语。人们常用它来表示对有某种技艺的人的尊称。例如：

（1）张师傅，您做的鲤鱼太好吃了，赶明儿我得跟您学学。

（2）今天开车的是李师傅，你请他在你下车的路口停一下。

（3）这个问题，我请教了一位木匠师傅，才知道其中的奥秘。

徒弟对给自己“传授技艺”的人，可以称“师傅”，也可以称“师父”。例如：

（4）师傅，您先歇会儿，我来干吧。

（5）我师傅让我给您送来一个工具袋。

（6）师父，您坐这儿，我给您沏杯茶。

（7）我师父教我可耐心了，有时一个动作教好几遍，他都不烦。

也就是说，有师徒关系时，可称“师傅”，也可称“师父”。但不存在师徒关系时，人们对“有技艺的人”一般只称“师傅”，不称“师父”，例如（1）至（3）。有师徒关系时称“师父”是一种比较亲近的称呼。

如果一位“有技艺的人”对自己的徒弟说“你现在技术提高很快，已经超过师傅了”，其中的“师傅”是指说话人自己，用“师傅”比较合适。如果一位“有技艺的人”对别人说“我徒弟干活儿时一遇到难题，首先想到的就是我这个师傅”，这时用“师傅”也比较合适。

另外，当我们尊称和尚、尼姑、道士时，用“师父”，不用“师傅”。例如：

（8）请问师父，宝刹的主持今天在吗？

（9）师父，明天早上可以来上香吗？

总起来说，没有师徒关系时，用“师傅”称呼；有师徒关系时，“师傅”“师父”都可以用；对和尚等，则只用“师父”。

155 “实验”跟“试验”的不同

“实验”指为检验某种理论或假设而进行的操作或活动。例如：

（1）这是根据多次实验得出的科学结论。

（2）他虽然已经七十多岁了，仍然经常到实验室进行操作。

（3）这位科学家根据他的多次实验得出的结果，提出了一种新的看法。

（4）今天学生们要到实验室做化学实验。

（5）电脑是进行科学实验的得力助手。

“试验”指为了察看某事的结果或某物的性能而从事某种活动。例如：

（6）他们今天到车间去试验新发明的机器。

（7）我打算今天晚上就试验一下新的灭虫方法。

（8）他们下周开始进行发射大推力运载火箭的试验。

（9）经过上百次试验，他终于得到一种新的效果良好的配方。

（10）这个育苗的新办法一定要反复试验之后再推广。

“实验”多指在一定条件下进行实际验证，多用于科学、理论研究领域。“试验”多指试探、观察某种设备或者方法的实际运用效果。

“物理实验”中的“实验”不宜写成“试验”，“试验田”中的“试验”不宜写成“实验”。“实验证明，这种元素性能很活跃”中的“实验”不宜写成“试验”，“新技术要通过试验才能推广”中的“试验”不宜写成“实验”。

156 “收集”跟“搜集”语意各有侧重

“收集”侧重于指把分散在各处的东西等收拢、聚集在一起。例如：

（1）会议之后，你把大家的意见收集一下，整理后交给我。

（2）别这么乱放着，把已经写好的卡片收集起来，放到抽屉里。

（3）这些小肥皂块儿收集起来，还能派上用场。

（4）我小时候，喜欢收集家里用过的牙膏皮，然后卖掉买糖吃。

（5）她在菜市场地上收集了一些菜叶子，拿回去喂兔子。

“搜集”侧重于指对未发现的东西等，到处去寻找并加以集中。例如：

（6）我们在老区搜集了不少红军时代的革命文物。

（7）他搜集了一些这方面的古代诗歌中的名句，念给学生听。

（8）这些年，他搜集了不少当地民谣，已经整理好，准备出版。

（9）老张想方设法从各种渠道搜集了有关鬼子这次行动的情报。

（10）他费尽心机搜集了五六个治疗这种病的民间偏方，有的很有效。

从上面的例子可以看出，“收集”主要指把分散的东西集中到一起，而“搜集”主要指四处搜寻某种东西。“收集”在动作之前，多是看得见收集对象的；“搜集”在动作之前，多是尚未看到搜集对象。有时候，这两个词都可以用，但意思侧重点有所不同。例如可以说“收集意见”“收集资料”，也可以说“搜集意见”“搜集资料”，前者所指的意见、资料多是现成的、分散的，后者所指的意见、资料则是需要到各处去寻找的。

157 “授业恩师”还是“受业恩师”

有人写“授业恩师”，有人写“受业恩师”，哪种写法妥当呢？

“受业”指学生跟随老师学习。例如：

（1）他曾受业于古文字学名师，在甲骨文方面造诣很深。

（2）刘先生受业于国学大师，现在已经是知名学者了。

（3）小张受业于王教授，学的是唐宋文学专业。

从上面的例子可以看出，当表示某个学生接受某老师传授学业的意思时，宜用“受业”，并采用“受业于 ××”的格式。

“受业”有时也用于学生对老师的自称。例如：

（4）我们这些受业者一定会继续努力，不辜负老师们的期望。

（5）受业学生赵树德祝老师身体健康。

“授业”指老师传授学业。例如：

（6）师者，所以传道、授业、解惑也。（韩愈《师说》）

（7）他当了几十年传道授业的老师，去年刚退休。

（8）王先生是我的授业恩师。

（9）您应该收徒授业，好让这个表演艺术流派后继有人哪。

（10）他还是乐于授业的，去年收了三个学生。

从上面的例子可以看出，“授业”是指老师向学生传授学业或技艺。因此宜说“授业老师”“授业恩师”。“授业老师”“授业恩师”是定中结构。

158 “熟识”“熟悉”“熟习”的不同

“熟识”跟“熟悉”都有知道得清楚的意思，但有区别。

1.“熟识”侧重于因认识时间久、接触或看见次数多而相熟。“熟悉”侧重于了解得清楚、详细。

2.“熟识”和“熟悉”都可用于事物和人，但用于事物时，“熟识”多用于具体的事物，“熟悉”可用于具体事物，也可用于抽象事物。例如：

（1）他们俩因为业务上联系比较多，时间长了，就相互熟识了。

（2）熟识他的人都知道，他二胡拉得很好。

（3）老王常去古玩店，熟识明清的瓷器。

（4）李先生走到村边，听到熟悉的乡音，兴奋起来，加快了脚步。

（5）既然文艺工作的对象是工农兵及其干部，就发生一个了解他们熟悉他们的问题。

（6）王刚熟悉这条街，熟悉这条街上的每一家店铺。

（7）经过多年研究，他熟悉这类罪犯作案的规律。

另外，“熟悉”有“通过观察掌握情况”的意思。例如：

（8）你刚来，先熟悉一下情况，然后咱们再谈工作的事。

（9）他决定先熟悉熟悉这儿的环境，再展开调查。

“熟识”没有这个意思，（8）至（9）中的“熟悉”都不能用“熟识”替换。“熟悉”在口语、书面语中都常用到，“熟识”多用于书面语。

“熟习”是指对某种技术或学问学习得很熟练或者了解得很深刻。

（10）小刘虽然很年轻，却早已熟习汽车修理技术了。

（11）这位农业技师熟习果树栽培和防治病虫害的知识，你要好好向他学习。

159 “透漏”跟“透露”的用法有所不同

“透漏”是指“泄露信息”。例如：

（1）关于这次会议的信息，是小王透漏出去的。

（2）有人将敌人的这次行动计划透漏给游击队。

（3）过了些日子，这件事的内情渐渐透漏出来。

（4）给我们透漏点儿不太机密的信息吧。

（5）世上没有不透风的墙，其中的秘密早晚要透漏出来。

“透露”则有两个意思：

1. 跟“透漏”意思相同，表示“泄露信息”。例如：

（6）根据这几天透露出的风声判断，敌人可能有大的动作，要提高警惕。

（7）是他把这个信息透露出去的，这是违反纪律的行为。

（8）你把今天咱们开会的消息透露给什么人了吗？

2. 表示“显露出”。例如：

（9）王大妈脸上透露出满意的神情，笑道：“谢谢你们啊！”

（10）王警官发现那人的眼神中透露出一丝恐慌，便不动声色地走了过去。

（11）听了两位同学的回答，周老师的脸上透露出笑意，点了点头。

从上面的例子可以看出，“透漏”只表示“泄露信息”的意思，而“透露”除了可以表示“泄露信息”的意思之外，还可以表示“显露出”或“显现出”的意思。也就是说，凡是用“透漏”的地方，都可以用“透露”来替换，而用

“透露”的地方则不一定能用“透漏”来替换。“透露”的使用范围大于并包含了“透漏”的使用范围。

另外，“透露”的“露”是个文白异读词，有 lù、lòu 两读。在“透露”中，“露”处于双音词中，故而宜读 lù 而不宜读 lòu。

160 “凸显”跟“凸现”的用法有什么不同

从词典上的释义不易看出“凸显”跟“凸现”用法的不同。

“凸显”一词工具书多解释为“清楚地显露出来”，“凸现”一词工具书多解释为“清楚地呈现出来”。从这两种释义来看，这两个词的意思很相近。

“凸显”跟“凸现”的主要区别在于，“凸显”所指，往往有从隐性向显性转变的过程；而“凸现”所指，往往有从无到有的变化过程。例如：

（1）两人原先的矛盾在这个新问题上愈发凸显出来。

（2）两人不仅原先的矛盾没解决，而且在这个问题上又凸现出新的矛盾。

（3）草地上的几个标语牌拆掉后，其中的花坛凸显出来。

（4）本周四，草地上凸现出一座花坛，这是学校师生利用节假日进行义务劳动建成的。

（5）大雨冲刷之后，林地里两顶黄色帐篷在绿树丛中分外清晰地凸显出来。

（6）绿色的林地里今天早上忽然凸现出两顶黄色帐篷，是谁昨晚搭建的呢?

（1）至（6）是三组对照的例句。从这些例句中可以看出运用“凸显”时，多存在某种事物前后状态的“比较”；而运用“凸现”时，多存在事物从无到有的“产生”。因此，如果是强调更加清楚地显现，宜用“凸显”；如果强调“新出现”，宜用“凸现”。

161 “突然”跟“忽然”词性不同

“突然”跟“忽然”都表示事情急促发生，出人意料。

从词性上说，“忽然”是副词，只能做状语。例如：

（1）两个人正说着话，忽然听见附近传来“轰”的一声。

（2）他走到美术馆门口，忽然下起大雨。

（3）飞机飞到郑州上空时，忽然遇到雷雨。

（4）他正在灯下读书，忽然停电了，四周一片漆黑。

（5）他刚走进胡同，忽然蹿出一只黑狗，向外跑去。

“突然”是形容词，除了做状语外，还可做定语、谓语、补语、宾语。例如：

（6）两个人正说着话，突然听见附近传来“轰”的一声。（做状语）

（7）只要有准备就不怕发生突然的变化。（做定语）

（8）事情的发生突然得很，让我猝不及防。（做谓语）

（9）他病得太突然了，我们赶紧把他送到医院。（做补语）

（10）老张虽然觉得突然，但还是接受了这一现实。（做宾语）

比较（1）跟（6），可以看出，做状语时，“忽然”跟“突然”一般可以互换，但使用“突然”时，更强调情况发生得迅速和出人意料。

162 “卸妆”“卸装”和“补妆”

“卸妆”指妇女除去脸上的化妆品以及头面部的装饰物等。例如：

（1）张女士晚上卸妆后洗了个澡，睡下了。

（2）她回家后先卸妆，然后再吃饭。

“卸装”指演员演出后除去身上的装束和脸上的脂粉、油彩等。例如：

（3）老李每次演完话剧，还没卸装，就向别人征求对自己表演的意见。

（4）咱们再等会儿吧，小刘演完戏还要卸装呢。

“补妆”指对化过的妆进行修补，以弥补减退的妆容。可用于美容方面，也可用于演出方面。例如：

（5）汽车快到目的地了，她掏出小镜子抓紧时间补妆。

（6）导演让拍摄工作暂停一下，以便化装师给几个小演员补妆。

163 “须”跟“需”的用法

“须”跟“需”在古代，都有“需要”的意思，因此有时可以通用。在现代，这两个字是有分工的，用法不同。

“须”是“一定要”的意思，后面一般带动词性成分。例如：

（1）这件事情，事先须作好准备。

（2）上大学期间，须刻苦学习，才能打下扎实的知识基础。

（3）这件工作，须吸收老刘参加，才能做好。

（4）须知，他们为此付出了艰苦的努力。

（5）在攀登这座高山之前，须作好准备。

“需”是“需要”的意思，多具体表示“应当有”或“必须有”，可以带名词性成分，也可以带动词性成分。例如：

（6）这里尚需五顶帐篷，请尽快运来。

（7）该厂急需 100 吨钢材，请设法解决。

（8）我们所需物资已经运到了，赶快派人搬运。

（9）这件工作还需三个人来相助。

（10）咱们村发展这项养殖业，还需群众支持。

“无须”“务须”都带有文言色彩。“必须”则是现代汉语中常用的一个词。在古汉语中，有时说“只须”。在现代汉语中，一般不说“只须”，有时说“只需”。例如：

（11）他俩只需四个馒头和两碗粥。

（12）目前只需小刘一人帮忙。

164 “言语”跟“语言”用法的不同

“言语”指说话或者说出的话。例如：

（1）你走的时候，言语一声，好让我把东西给你带上。

（2）人家问你呢，怎么不言语啊？

（3）老李一直闷头干活儿，一声也不言语。

（4）他有点儿言语不清，可能脑子受刺激了。

（5）这个人言语很文雅，不像原先那个人言语粗鲁。

（6）我感到那个人言语不凡，他是做什么的？

（1）至（3）中的“言语”是动词，指“说话”。（4）至（6）中的“言语”是名词，指“说出的话”。在普通话口语中，动词“言语”要读成轻声 yányu。

“语言”则指人类特有的交际工具或者说出、写出的话。例如：

（7）汉语是世界上使用人口最多的一种语言。

（8）学会一种新的语言，就像打开了一扇窗户。

（9）语言是动物和人类之间一道无法逾越的鸿沟。

（10）有的人演讲很吸引人，有的人则语言乏味，没人想听。

（11）这篇文章的语言很有特色，耐人品味。

（12）一个人的语言，反映出他受教育的程度和思想修养的水平。

（7）至（9）中的“语言”指人类特有的交际工具，（10）至（12）中的“语言”指说出或写出的话。

有时，人们说“共同语言”是指话语中包含的共同的思想认识。例如：

（13）在这个问题上，他们俩有共同语言。

从上面的例子可以看出，“言语”只用来表示说话的行为或说出的话，而“语言”除了表示说出、写出的话之外，还常用来表示人类特有的交际工具。

165 “一发不可收拾”跟“一发不可收”意思不同

某媒体中说：“喜欢古趣的我有了一种美不胜收的喜悦，从此对手撕艺术的钟爱一发不可收拾。”其中的“一发不可收拾”用得不妥。

“一发不可收拾”中的“一发”是“更加”的意思。例如：

（1）贾府奉了此旨，一发日夜不闲，连年也不能好生过了。（《红楼梦》第十八回）

（2）十天以来我的生活一发无味枯燥。（瞿秋白《饿乡纪程》十三）

（3）如果处理不当，就一发不可收拾了。（《现代汉语词典》）

（4）你再加入争吵，事情就一发不可收拾了。

（5）这么一来，这场纠纷一发不可收拾，先让双方冷静一下吧。

从（3）至（5）可以看出，“一发不可收拾”的意思是，“事情更加不好处理了”“更加不好办了”“更加不好收尾了”。

“对手撕艺术的钟爱一发不可收拾”想要表达的意思则是，对“手撕艺术的钟爱”一经开始，就停不住了，一直搞了下去。表示这个意思，应用“一发不可收”，如果说得自然些，可说成“一发而不可收”。这时的“一发”是“一经发动”或“一经开始”的意思。例如：

（6）从此以后，便一发而不可收，每写些小说模样的文章，以敷衍朋友们的嘱托。（鲁迅《〈呐喊〉自序》）

（7）他前几年开始练习国画，从此一发而不可收，现在已经画得很不错了。

（8）该剧团三年前开始排练农村群众爱看的地方戏，很受欢迎，自此一发而不可收，已经演出了几百场。

（9）我十几年前由于一个偶然的机会，开始写散文，自此一发而不可收，至今已经发表百余篇散文了。

（10）得病在家休养时，他开始练习国画，从此一发而不可收，现在已经小有成就了。

因此，“对手撕艺术的钟爱一发不可收拾”可改成“对手撕艺术的钟爱一发而不可收”。

166 “一招儿”与“一着儿”

“一招儿”中的“招”常用来指“计策或手段”。例如：

（1）现在我实在是没招儿了，你说怎么办吧。

（2）游击队的这招儿鬼子做梦也没想到。

（3）后来，老王给我出了个招儿，还真管用。

（4）张教练的这招儿真厉害，对方被击倒在地。

（5）这招儿是做好这个菜的关键，一定要掌握好。

“一着儿”中的“着”常用来指“下棋时下一子或走一步”。例如：

（6）小王的这步棋是高着儿，一下子改变了棋盘上的局面。

（7）你在旁边安安静静看别人下棋就行了，别给人家支着儿。

（8）两人经过长时间厮杀，最后刘先生棋高一着儿，获得胜利。

（9）不洞察全局，就不能走好关键的一着儿棋。

（10）这着儿棋非常关键，决定着全局的输赢。

“一招”跟“一着”在口语中都儿化，说成“一招儿”“一着儿”。

在《现代汉语词典》中，表示“下棋时下一子或走一步”的主条是“着”，表示“计策或手段”的主条是“招”。因此，总起来说，当我们说到下棋时宜用“着”，写成“这着儿”“一着儿”等；当我们说到其他事情并指“计策或手段”时，宜用“招”，写成“这招儿”“一招儿”等。

在（7）中的“支着儿”也写成“支招儿”。这两种写法是异形词关系。《现代汉语词典》推荐使用“支着儿”这一词形，因此一般宜写“支着儿”，不宜写“支招儿”。例如：

（11）我估计，他背后肯定有人给他支着儿。

（12）要是没人支着儿，他能想出这个办法吗？

（13）一位饲养野猪好几年的朋友给他支着儿，这才解决了野猪的饲料问题。

（14）看在老同学的份儿上，快给我支支着儿吧。

（15）你就别乱支着儿了，他正按照新教练的计划进行训练呢。

167 “以至（于）”“以致”及“致力（于）”的用法

有人问“以至”“以至于”“以致”“致力”“致力于”的区别。

“以至”也说成“以至于”，也就是说，“以至于”的意思和用法跟“以至”是相同的。

“以至”是“直到”的意思，在句子里一般用来表示从小到大，从少到多，从浅到深，从低到高等的延伸或递进。例如：

（1）该厂制造的自行车、洗衣机，以至大型设备，都具有自主知识产权。

（2）他看一遍不懂，就看两遍、三遍以至十几遍，终于把意思彻底弄明白了。

（3）老王对这种语言造诣很深，通俗读物、文学作品，以至古代典籍，都能看懂。

（4）这种仪器放在平原上、高山上，以至飞机上，都能清晰地接收到信号。

（5）研究这些工作，不但要考虑今年的需求，而且要考虑明年的需求，以至今后若干年的需求。

“以至”有时也用来表示程度加深等造成的结果。实际上，是在进一步说明某种程度之深，等等。例如：

（6）他在一棵大树下非常专注地写生，以至刮起阵风也毫不在意。

（7）科学技术的发展实在太快了，以至我们忽然感到不懂的东西太多了。

“以致”是“致使”的意思，表示由于上文所说的原因造成了某种不好的或者说不如意的结果。例如：

（8）他对这个问题事先没有进行充分的调查研究，以致作出了错误的判断。

（9）老张工作的时候没有严格按照工作规程来操作，腿受了伤，以致在床上躺了几个月。

（10）老刘对这个事儿一直抱悲观态度，情绪非常苦闷，以致得了抑郁症。

（11）这几个阀门平时老不检修，以致昨晚发生严重的泄漏事故，造成了重大损失。

“致力”用来表示“把力量用在某方面”或“集中力量从事某项事业”。例如：

（12）老李致力航天事业数十年，作出许多贡献。

（13）他目前致力写作，不再搞别的。

“致力”也常说成“致力于”。例如：

（14）毕业后，他一直致力于国防现代化事业。

（15）他一生致力于物理科学研究，成绩卓著。

总起来说，“以至（于）”，用来表示语意上的一种递进，而“以致”则表示造成了某种负面结果。“以至（于）”跟“以致”都是连词，常出现在句子的后一个或最后一个分句，而“致力”是动词，后面一般带有宾语。

168 “有关部门”与“相关部门”

有位做文秘工作的同志问，“有关部门”“有关情况”跟“相关部门”“相关情况”有什么不同。

“有关”跟“相关”的意思有所不同。

“有关”表示“有关系”。做定语时表示“有关系的”或“涉及的”。例如：

（1）请刘秘书把有关部门的负责人约来，星期三谈一次。

（2）对这个问题，有关方面现在都反馈了信息，我明天汇总后把材料交给办公室。

（3）请将这个规定尽快通知有关人员，让他们提前作好准备。

（4）下面请张秘书把有关情况介绍一下。

“相关”则表示“彼此关联”或“互相牵涉”。例如：

（5）各兄弟民族休戚相关，互相帮助，前进在社会主义大道上。

（6）其实，这两个问题，是密切相关的。

（7）这几年，山脚下两个村子的发展是息息相关的。

（8）教育事业的发展与本地区经济的发展紧密相关。

从上面的例子可以看出，“有关”往往是说某事物涉及的多个方面。而“相关”则是说两个方面的事物互相关涉。也就是说，“有关”所说的，常是某事物对其他事物单向的关涉，而且关涉的常是多个事物；“相关”所说的，常是某事物跟另一个或另一方面的事物相互关涉，即关涉是双向的。因此，宜说“这两个事物密切相关”，不宜说“这两个事物密切有关”。同时，宜说“有关部门”“有关情况”“有关人员”等。不过，在书面语言的运用中，特别是在公文语言的运用中，的确不时见到“相关部门”“相关情况”“相关人员”的说法。也就是说，这种说法有一定流行。其实，这些说法中的“相关”就是“有关”的意思。由于有一定流行，因此一方面，宜提倡使用“有关部门”“有关情况”“有关人员”等说法，另一方面也不宜将“相关部门”“相关情况”“相关人员”的说法看作“硬伤”。

169 “陨”跟“殒”意思不同

某媒体中说：“办成‘通匪’大案，董家强因此身陨。”其中的“陨”字的使用是否得当呢？

“陨”是“坠落”的意思。《说文解字·阜部》说：“陨，从高下也。”例如：

（1）一颗流星陨落在大草原上。

（2）这天晚上，只见星陨如雨，堪称奇观。

（3）同学们在天文馆里见到了陨石。

（4）陨落于地面，以铁质为主的陨星残体，被称为“陨铁”。

（5）陨石在高空爆裂后，像雨一样散落下来的景况被称为“陨石雨”。

“殒”是“丧失生命”也就是“死亡”的意思。例如：

（6）这种传染病在当时无法医治，许多人因此而殒命。

（7）这段小说讲了杨贵妃殒命马嵬坡的故事。

（8）他不幸殒身于车轮之下。

（9）最终殒身于枪林弹雨之中。

（10）（宝玉）此时一心却为金钏儿感伤，恨不得也身亡命殒。（《红楼梦》第三十三回）

“办成‘通匪’大案，董家强因此身陨”这句话是说，董家强因案件而身亡，因此句中的“身陨”应写成“身殒”。

最初，由“陨落”的“陨”字，引申出“死亡”的意思。后来由“陨”字分化出了“殒”字，人们便专门用“殒”字来表示“死亡”的意思了。在现代汉语书面语中，跟“死亡”有关的词语中用“殒”，如上面例子中的“殒命”“殒身”；跟“坠落”有关的词语中用“陨”，如上面例子中的“陨落”“陨石”。

170 “咂舌”跟“咋舌”的用法

“咂（zā）舌”即“咂嘴”。有时人们用连连咂嘴来表示赞叹、不满、惊讶、羡慕等感受。例如：

（1）他看到这个表演，连连咂舌，非常赞赏。

（2）老刘的发言着实令人咂舌，实在太离谱了。

“咋（zé）舌”是指咬着舌头，人们用这个动作来表示吃惊、害怕等感受。例如：

（3）诉者覆得罪，由是咋舌不敢言。（刘禹锡《刘君遗爱碑》）

（4）莫说顾夫人是个女娘家，就险些儿吓得死了；便是一家们在那里守尸的，哪一个不摇首咋舌。（《醒世恒言·薛录事鱼服证仙》）

（5）那边画展热烈的情形，真令人咋舌。（闻一多《画展》）

其实，这两种动作所表示的意思都是多种多样的。两者比较起来，“咋舌”来自文言，有浓厚的书面语色彩。因此，在书面色彩明显的文本中，宜用“咋舌”，在口语色彩明显的文本中，则宜用“咂舌”。

171 “渣子”跟“渣滓”的不同用法

“渣子”有三个意思：

1. 提取精华后的剩余物。例如：

（1）小刘吃了甘蔗后把甘蔗渣子吐在一个塑料袋里。

（2）他熬了中药后，把药渣子倒在簸箕里。

2. 喻指社会上的坏人。例如：

（3）这种专门诈骗老年人的骗子是我们这个时代的社会渣子。

（4）这几个惯偷是社会渣子，他们被绳之以法是必然的。

3. 指某种碎屑。例如：

（5）桌子上掉了一些点心渣子，你收拾一下。

（6）好好吃，别老往桌子上掉饭渣子。

“渣滓”则主要有上述“渣子”的前两个意思。也就是说，“渣滓”只用来表示“提取精华后的剩余物”或者“社会上的坏人”。例如：

（7）果实榨糖后剩下的渣滓是上好的牲畜饲料。

（8）熬药之后，剩余的中草药渣滓宜及时处理。

从上面的例子可以看出，当我们表示“碎屑”一类意思时，用“渣子”，不用“渣滓”。当我们表示“提取精华后的剩余物”或者“社会上的坏人”时，可以用“渣子”，也可以用“渣滓”。但是，要注意，“渣子”跟“渣滓”的语体色彩不同。“渣子”有口语色彩，常用于具有口语色彩的语境之中，而“渣滓”具有书面语色彩，常用于具有书面语色彩的语境中。例如：

（9）这些人净是社会渣子，早就该逮起来。

（10）这一干人多系社会渣滓，早晚必锒铛入狱。

172 “真言”跟“箴言”用法的不同

“真言”指佛教经典的要言秘语。例如：

（1）真言者，梵曰曼怛罗，即是真语如语不妄不异之义。（《大日经·开题》）

（2）讽释典，持真言，栖心空门。（白居易《海州刺史裴君夫人李氏墓志铭》）

（3）叵耐那方众生愚蠢，毁谤真言，不识我法门之旨要。（《西游记》第八回）

“真言”也用来借指道家祖师的经典著作。例如：

（4）圣谟九德，真言五千。（张说《唐享太庙乐章·文舞》）

“真言”还用来指咒语、口诀等。例如：

（5）定力超香象，真言摄毒龙。（顾况《寄江南鹤林寺冰上人》）

（6）他便按落云端，念动真言，要唤本方土地问个消息。（《西游补》第二回）

（7）他传授了一套游击战法，有十六个字的真言，能打退日本。（欧阳山《金牛和笑语》）

“箴言”指规谏劝诫的话语。例如：

（8）当时推湖北人才极盛，侍郎则曰：吾先人箴言中育才之法如此，吾讵能继述，直什一耳。（曾国藩《箴言书院记》）

（9）“友谊是人生最可贵的事”。我背诵一个罗马大哲人的箴言。（王西彦《古屋》）

因此，指佛教里劝诫的话语或者指“咒语”“口诀”等时，宜用“真言”，而指劝诫别人的话语时，宜用“箴言”。例如：

（10）这是佛教真言，值得深思啊。

（11）李老师的一番箴言让小刘听得心服口服。

（12）他的来信中循循善诱的箴言令我信服，我决心听从规劝，努力前行。

173 “震动”与“振动”

时或有人将“震动”误写成“振动”。

“震动”指物体受到外力的作用而颤动。例如：

（1）远处传来一声炮声，窗户上的玻璃微微震动起来。

（2）这个仪器不能受震动，要妥善保管。

有时，“震动”也用来指某件事情使得人们心理不平静，或者引起人们强烈反响。例如：

（3）周六发生的事情，引起他心里很大震动。

（4）当时，这个事件震动了全国。

（5）这场比赛的胜利震动了足坛。

“振动”则指有规律的颤动。例如：

（6）大钟里的摆在不停地振动。

（7）小鸟振动着翅膀，准备降落。

从上面的例子可以看出，“震动”不一定有规律，而“振动”则是一种有规律的颤动。“震动”可以用来形容社会现象，而“振动”一般不用来形容社会现象。“震动”常伴随着某种声响，“振动”不一定伴随声响。“震动”常用于社会生活中的现象或人的心理活动，而“振动”则多用于科学领域的物理现象或者物体的某种有规律的颤动。

174 “卓越”跟“卓著”的用法

“卓越”多用来形容人的才能、成就等超出一般。例如：

（1）这些卓越的科学家为祖国建设事业的发展作出了重要贡献。

（2）凭着这些政策，他们吸引来了很多卓越的人才。

（3）他是当时蜚声乐坛的才华卓越的作曲家。

（4）老王在这方面卓越的才能这次得到了充分的展现。

（5）几位学者对此作出了卓越的贡献。

（6）他在数学领域成就卓越，是海内外知名学者。

“卓著”多用来指成就或贡献特别显著。例如：

（7）这几年，他在这个领域的研究，成绩卓著，影响很大。

（8）在保卫祖国边疆的战斗中，这些战斗英雄功勋卓著。

（9）他因战功卓著，被提升为兵团司令。

从上面的例子可以看出，“卓越”的使用范围较宽，可用于人的才能，还可用于人取得的成就。而“卓著”一般来说，使用范围较窄，多用于人取得的成就。

因此，我们可以说某人是卓越的人才，某人在某方面才能卓越，也可以说某人取得了卓越的成就。但是，不说某人是卓著的人才。提到才能的时候，人们多使用“卓越”而较少使用“卓著”，例如（4）。

175 “龇牙”不宜写成“呲牙”

“龇”指露出（牙齿）。例如：

（1）他龇着牙冲我一乐，说：“您啥时候来的？”

（2）你龇牙咧嘴的，吓唬谁啊？

（3）他很矜持，从来都是笑不龇牙。

而“呲”是“申斥、斥责”的意思。例如：

（4）老师见他们在课堂上一个劲儿地说话，呲儿了他们两句。

（5）今天小李又挨了科长一顿呲儿。

“呲”具有方言色彩，在口语中一般儿化，说成“呲儿”。

《现代汉语词典》中虽有“呲”同“龇”的说法，但表“露（牙）”义的主条是“龇”，因此以写“龇牙”为宜。

读音辨正

176 “稗官野史”的“稗”读 bài，不读 bì

“稗子”是稻田常见的杂草，幼苗像稻子。稗子结的籽粒细小，又不是人们食用的谷物，所以人们用“稗”来形容细小、卑微的事物。例如，把古代给帝王讲述街谈巷议、风俗故事的小官称为稗官。后来，人们也把小说、逸闻等称为稗官。“稗官野史”指正史之外，记载逸闻琐事的文字。例如：

（1）你说的这些事儿，恐怕出自稗官野史，不一定是真的。

（2）这些天他闲来无事，在家里读些稗官野史解闷儿。

“稗子”的“稗”读 bài，不读 bì。由“卑”做右偏旁的“奴婢”的“婢”、“裨益”的“裨”等字读 bì，因此人们往往把“稗”误读为 bì。

177 “曝光”中“曝”的读音

“曝”有 pù、bào 两个读音。

“曝”读 pù 时，表“晒”。例如：

（1）切枣曝之，干如脯也。（贾思勰《齐民要术·种枣》）

（2）庄稼闹虫灾，战士们帮着打虫子，天天雨淋日晒，脊梁曝了层皮。（杨朔《滇池边上的报春花》）

由“曝”组成的词语常见的有“曝晒”“曝露”和“一曝十寒”。“曝晒”指阳光强烈地照射。例如：

（3）经过夏季烈日曝晒，他的脸又黑又红。

（4）皮衣清洗完要挂在阴凉处风干，切忌在日光下曝晒。

“曝露”有书面语色彩，指露在外面。例如：

（5）尸骨曝露于原野之中。

（6）其丑态曝露无遗。

“一曝十寒”出自《孟子》，原指（世上最容易生长的植物）“晒它一天，冻它十天，也不能成活”。后来人们用“一曝十寒”比喻一时勤奋，多时偷懒，缺乏恒心，不能坚持。

过去有夏历七月七日“曝（pù）衣”的习俗。清代的沈佺期有首诗叫《七夕曝衣篇》。“曝衣”即晒衣服。旧时代读书人也有在这一天把书拿出来晒的习俗，称为“曝（pù）书”。

“曝”读 bào 的情况较少见，常见词语里仅在“曝光”和“曝丑”两词语中读 bào。“曝光”指照相底片或感光纸感光，或者指把隐秘的事情暴露出来。例如：

（7）过去用胶卷照相，必须注意胶卷不能曝光。

（8）领导干部腐败的事情一旦曝光，在群众中反应很强烈。

“曝丑”是说公开暴露自己的缺点、错误或问题。例如：

（9）我们曝丑的目的，就是促进产品质量的提高。

178 “奔月”的“奔”怎么读

“嫦娥奔月”的故事最早见于西汉的《淮南子·览冥训》，其中说：“羿请不死之药于西王母，姮（héng）娥（“姮娥”即平时所说的“嫦娥”）窃以奔月。”其中“奔月”字面的意思是“奔入月中”，即跑到了月亮里面。这个“奔”是“奔跑”的意思。

在《汉语大字典》中，“奔”读四声表“走向”一类意思的用例都是明代以后的，且出自具有口语色彩的文本。例如：

（1）皇甫殿直一只手捽着僧儿狗毛，出这枣槊巷，径奔王二哥茶房前来。（选自明代《清平山堂话本》）

（2）如今舅舅正升了外省去，家里自然忙乱起来。咱们这会子反一窝一拖的奔了去，岂不没眼色呢？（选自清代《红楼梦》）。

可见“奔”字四声的读法产生较晚。《汉语大词典》中，给“奔月”的“奔”的读音定为一声 bēn，是很有道理的。

的确，现在北京口语中，“奔”读四声时表示“朝一定目标急走”。例如：

“我下了车就直奔（bèn）办公楼，哪儿也没去。”不过，读有古籍出处的词语，一般宜采取比较保守的传统读法为宜。例如“解铃系铃”（出自宋代《林间集》），虽然北京口语中“系”表“打结、拴”一类意思时读 jì，但一般词典还是将这一成语中的“系”注音为 xì，这种做法是比较稳妥的。同样，“嫦娥奔月”中的“奔”读一声 bēn 比较妥当。这种读法跟多数人口头上的实际读音是一致的。

179 “绷得紧紧的”的两种读法

有人问，《狼牙山五壮士》中说：“胡德林和胡福才这两个小战士把脸绷（běng）得紧紧的，全神贯注地瞄准敌人射击。”《我的战友邱少云》中说：“我的心绷（bēng）得紧紧的。这怎么忍受得了呢？”为什么前一句话的“绷”读三声，后一句话中的“绷”读一声。

《狼牙山五壮士》中的“绷得紧紧的”跟《我的战友邱少云》中的“绷得紧紧的”意思有所不同，因而读音不同。

《狼牙山五壮士》中的“脸绷得紧紧的”中的“绷”读三声 běng，是动词，意思是把笑容收起，使面部表情严肃。也就是说，“绷着脸”是说人板着脸，即表情显出严肃、不愉快的样子或怒容。下面举几个这种用法的例子：

（1）卖猫人绷着脸说道：“怎么是笑话？”（《醒世姻缘传》第六回）

（2）老舍把脸一绷，说：“我就是喜欢姓李的！”（冰心《晚晴集·老舍和孩子们》）

（3）他的面孔绷得紧紧的，十分严峻。（周而复《上海的早晨》第三部）

课文中说“胡德林和胡福才这两个小战士把脸绷（běng）得紧紧的，全神贯注地瞄准敌人射击”，是描写两个小战士向敌人射击时愤怒的神情。

《我的战友邱少云》中的“绷得紧紧的”中的“绷”读一声 bēng，是动词，是“拉紧”的意思。同样的用例如：

（4）把绳子绷直了，晾在上面的衣裳就不会碰到地面了。

（5）把弦儿绷紧了，拉出来的声音才好听。

课文中说“我的心绷（bēng）得紧紧的”，是说战友替邱少云担心，心里非常紧张。“心绷（bēng）得紧紧的”，是对紧张心态的比喻性描绘。下面是同类的例子：

（6）她那根心弦可是一直绷得紧紧的。（郭澄清《大刀记》第二章）

180 “匕首”的“匕”读 bǐ，不读 bì

“匕（bǐ）”是个象形字，指“勺子”，样子模拟古代吃饭时用的小勺。这种勺子的前端有点儿尖。“匕首”指短剑或短刀，因为匕首的前端也是尖的，整体的样子有点像“匕”，所以被称为“匕首”。

有些人把“匕首”的“匕”误读成四声 bì，这是受了形近的“必须”的“必”的影响。“必”是副词，表示事理上或主观上的某种确定性。这两个字在来源上没有关系，只是形体有点接近而已。

181 “殡”读 bìn，不读 bīn

“殡（bìn）”最初指死者入殓后停柩以待葬。例如：

（1）死者殡在屋内，经三年，择吉日而葬。（《北史·高丽传》）

“殡”也指灵柩。例如：

（2）其在远闻丧者，始闻，易服，哭而行；至家，凭殡哭。（《清史稿·礼志十四》）

总之，使用“殡”的时候，总是跟丧事有关。

把“殡”误读为 bīn，是受了“宾”的影响。“宾”的意思是“客人”。例如：

（3）人们到了这家酒店总有宾至如归的感觉。

（4）夫妻俩总是相敬如宾，相处一直很和谐。

“殡”跟“宾”的意思不同，读音也不同。

182 “屏”在“屏除杂念”中的读音

“屏”有三个读音，即 bīng、bǐng、píng。

“屏”读 bǐng 的时候，是动词，表示两个意思。一个意思是“抑制呼吸”。例如：

（1）他讲话的时候，人们都屏气敛声，专注地倾听。

（2）这个报告很感人，听众无不屏息静听。

另一个意思是“排除，除去”。例如：

（3）你只有屏除杂念，才能在决胜局打好球。

（4）王爷屏退左右的人，跟信使单独交谈。

“屏”读 píng 的时候，有这么几个意思：

1. 表示“遮挡”。例如：

（5）连绵的雪山屏蔽着通往外面世界的通道。

“屏障”指像屏风一样起遮挡作用的东西。例如：

（6）燕山山脉是北京的天然屏障。

“屏障”也用作动词，表示“遮挡着”。这种用法有文言色彩。例如：

（7）居庸关屏障京师。

2. 表示用来遮挡的屏风。例如：

（8）病人的床前摆着一个围屏，五扇相连。

3. 表示形状像屏风的东西，以及成组的字画条幅（形状像屏风）。例如：

（9）屏幕上打出了表示欢迎的字句。

（10）几个孩子去动物园的时候，看到孔雀开屏，非常高兴。

（11）墙上挂着四幅屏条，是一组山水画。

“屏”读 bīng 的情况比较少见，主要用于“屏营”一词。“屏营”文言色彩明显，是形容词，用来形容惊慌失措的样子，多见于文言的奏章、书札等。例如“不胜战栗屏营之至”。现在一般不用。

从上面的分析可以看出，“屏”在“屏除杂念”中应读 bǐng。

183 “薄雾”中“薄”的读音

有位小学语文老师说，《观潮》一课中“薄雾”的“薄”在教学中有的教师读 bó，有的教师读 báo。究竟应当怎么读。

“薄”有 bó（文读）、báo（白读）两读，是文白异读字。除了“薄”外，“露”“蔓”“血”等文白异读字在课文中也会遇到类似情况。

就此跟教育部普通话培训测试中心有关同志进行了讨论，得出如下共识：

《观潮》一课中“薄雾”的“薄”可读 bó。“薄雾”一词有书面语色彩，文读较合适。此外，《珍珠鸟》一课中的“垂蔓”中的“蔓”宜文读为 màn，这样读就跟整篇文章的书面语色彩比较契合了。

另外，《她是我的朋友》一课中的“输血”“血管”中的“血”宜读 xuè，因为“输血”“血管”都是合成词。这两个词语里的“血”在《现代汉语词典》中，都注音为 xuè。而“抽血”“献血”中的“血”宜读 xiě，因为它们口语色彩较鲜明。

在《汉语拼音词汇》（语文出版社，1991 年）中，“抽血”的“血”拼写成 xiě。在《现代汉语常用词表》（商务印书馆，2008 年）中，“献血”的“血”拼写成 xiě。都注为口语音。《她是我的朋友》中说的“所有血”“失去的血”中的“血”，因为是单说，也宜读 xiě。

184 “嘈杂”的“嘈”怎么读

有人把“嘈杂”的“嘈”读 cāo，也有人读 zāo，这两种读法都不对。

“嘈杂”的“嘈”应该读 cáo。《普通话异读词审音表》规定，“嘈”字统读为 cáo。也就是说，“嘈”字只有这一个读音。

“嘈杂”是声音杂乱、喧闹的意思。例如：

（1）农贸市场里人头攒动，嘈杂不堪。

（2）有几位就餐的客人大声说话，声音嘈杂刺耳。

在文言诗文中“嘈”也读 cáo，例如：

（3）嘈嘈切切错杂弹，大珠小珠落玉盘。（白居易《琵琶行》）

185 “草丛”的“丛”怎么读

“草丛”的“丛”有人读阴平，是不正确的，应当读阳平，读成 cóng。

“丛”是“聚集”的意思，例如：丛生、丛集。“丛”也指生长在一起的草木，例如：草丛、树丛。“丛”还泛指聚集在一起的人或物。例如：人丛、论丛、刀丛。

《普通话异读词审音表》规定，“丛”统读 cóng，所以以下词语中的“丛”都应读为 cóng：丛刊、丛林、丛莽、丛山、丛生、丛书、丛谈、丛杂。

186 “差”有四个读音

“差”在口语中，表示“不相合、缺欠、不够标准”的时候，读 chà，例如在以下词语中读 chà: 差不多、差不离、差点儿、差远了、质量差、还差一个人。

如果“差”作为语素，出现在书面上常用的词里，虽然也表示上面的意思，但要读 chā，例如在下面的词语中要读 chā: 差别、差错、差额、误差、偏差、差异、阴差阳错、一念之差。

“差”表示“派遣”的意思时，读 chāi，例如在以下词语中读 chāi：差遣、差事、出差、差旅费、鬼使神差。

在“参（cēn）差”（“不一致”的意思）一词中“差”读 cī。

下面词语中都有“差”，但读音不同：（1）差劲、（2）差距、（3）差之毫厘，谬以千里、（4）差役、（5）成绩差、（6）差两本书。

其中：（1）（5）（6）读 chà，（2）（3）读 chā，（4）读 chāi。

187 “裳”在“霓裳”中读 cháng，不读 shāng

“裳”有两个读音，一个是读 cháng，另一个是轻读 shang。

“裳”读 cháng 时，指古人穿的下衣，像现在的裙子。古人上边穿的则叫“衣”。例如：

（1）绿兮衣兮，绿衣黄裳。（《诗经·邶风·绿衣》）

（2）惜乎衣未成而转为裳也。（《法言·修身》）

后来“衣”和“裳”都可以泛指全身的衣服。例如：

（3）七月流火，九月授衣。（《诗经·豳风·七月》）

（4）故渔者歌曰：“巴东三峡巫峡长，猿鸣三声泪沾裳。”（《水经注·江水》）

在现代汉语中，“裳”在“衣裳”一词中，轻读 shang。例如：

（5）这是谁的衣裳啊？

“霓裳（cháng）”相传是神仙穿的。例如：

（6）青云衣兮白霓裳，举长矢兮射天狼。（《楚辞·九歌·东君》）

“霓裳”的“裳”读 cháng，有人读 shāng，是一种误读。

188 “陈寅恪”的“恪”怎么读

《普通话异读词审音表》里规定，“恪”统读 kè。

徐世荣先生在《普通话异读词审音表释例》中对此作了说明：“《普通话异读词审音表初稿》审‘恪守’一词，定‘恪’音 kè，注明：‘不取 què 音。’人名如近代学者陈寅恪。……《订本》仍 kè 音，统读涵括文言及古书中‘恪’字读法。”据此，“陈寅恪”的“恪”宜读 kè。

另外，《陈寅恪·书信集》（三联书店，2001 年）《致傅斯年（第七十六）》中，署名为“Chen Yinke”，可见他也认为自己名字中的“恪”读 kè。

189 “谌”做姓氏怎么读

“谌”做姓氏以往读chén。所以1978年以前的《现代汉语词典》只给“谌”姓注音为chén。后来，群众中有人将“谌”姓读为shèn。为了反映这种实际读音，1983年的《现代汉语词典》增加了shèn的读音。这样，“谌”姓就有了两种读法。在使用中，姓“谌”的人应该坚持自己的读法，不宜随意改变。

190 “成绩”的“绩”怎么读

有人问，“成绩”的“绩”某教材上的注音是一声，字典只有四声这一个音，且不是多音字，这是怎么回事。

在1963年的《普通话异读词三次审音总表初稿》中，“绩”字被认定为“一律念阴平”，也就是统读一声。1985年12月颁布的《普通话异读词审音表》根据普通话口语中的实际读音，对此作了调整，规定“绩”字统读为四声jì。此后的工具书都据此对“绩”的读音作了调整。因此，“绩”字现在的规范读音是四声jì。“成绩”一词中的“绩”读四声jì。

191 “炽热”的“炽”读chì，不读zhì

“炽（chì）”指火燃烧得旺，也用来形容事物旺盛或者热烈。由“炽”组成的常见词语有“炽烈”“炽热”“炽盛”等。例如：

（1）篝火在炽烈地燃烧，孩子们围坐在篝火旁。

（2）盛夏，炽热的阳光照射在大地上，人们都喜欢躲在阴凉的地方。

（3）火势炽盛，人们一时难以接近。

“炽”常有人误读为 zhì，原因是“织”“帜”等字声母是 zh，而常用字中除“炽”外，很少用“只”来表 ch 声母。

192 “呆板”怎么读

1963 年的《普通话异读词三次审音总表初稿》中规定，“呆板”读 áibǎn。1985 年的《普通话异读词审音表》对上述规定作了调整，规定“呆”统读 dāi。也就是说，“呆”在任何情况下都读 dāi。因此，现在的工具书与过去的工具书便出现了差异。

现在应按照《普通话异读词审音表》的规定，将“呆板”读为 dāibǎn。有人仍按照旧规范去读，这是应当纠正的。

193 “当”在这里怎么读

有位老师问，《地球清洁师》中说：“我们用牛粪、马粪当点心……”其中的“当”应该读一声还是读四声。

“用牛粪、马粪当点心”中的“当”是“当作”或者“当成”的意思。而“当作”“当成”中的“当”是读四声 dàng 的。因此，这里的“当”读四声 dàng。

194 “档案”的“档”读 dàng，不读 dǎng

“档”读四声 dàng，有以下用法：

1. 带格子的架子或橱柜。例如：

（1）文件用完了要及时归档，别在桌上搁着。

2. 档案。例如：

（2）人事干部正在查档，等搞清楚情况再研究。

3. 商品、产品的等级。这种说法较常见。例如：

（3）别在早市买低档插座，用不了多长时间就坏了，还容易出事。

（4）这个超市中档货物比较多，适合市民需要，所以生意比较好。

（5）我还真没去过这么高档的餐厅吃饭。

4. 量词，用于事情。例如：

（6）我今天有好几档事儿呢，明儿找你吧。

（7）这是两档子事儿啊，不能往一块儿掺和。

5. 摊位。例如：

（8）东边是鱼档，早上来买鱼的不少。

或许是受了“挡（dǎng）”的影响，有的人把“档”读成三声 dǎng，这是一种误读。

195 “地方”的两种读音和意思

“地方”读 dìfāng 时，表示下面几个意思：

1. 各级行政区划的统称，跟“中央”相区别。例如：

（1）中央和地方的有关部门都很重视这项工作。

（2）这项工程除了中央投资之外，地方政府也投了资。

（3）在这个问题上，地方要服从中央的统一安排。

2. 指军队以外的部门、团体等，跟“军队”相区别。例如：

（4）一批军队干部今年秋天将转业到地方工作。

（5）这个部队培养了很多军队和地方两用人才，受到各地欢迎。

（6）部队的训练多年来得到了地方上的大力支持，我们非常感谢。

3. 指“当地”或“本地”。例如：

（7）他们采取的这项措施，地方上的群众十分欢迎。

（8）设计师设计这些建筑的时候，应当充分考虑地方文化特色。

（9）他的研究对地方经济的发展作出了很大贡献。

“地方”读 dìfang 时，表示下面两个意思：

1. 表示某个区域、空间的某部位或某整体的某部位，以及“空位”。例如：

（10）你家住什么地方？

（11）现在飞机在什么地方？

（12）这辆汽车什么地方有毛病？

（13）我们来晚了，还有地方坐吗？

2. 表示某些事物的组成部分。例如：

（14）他的说法有对的地方，也有不对的地方。

（15）这出京剧精彩的地方不少。

（16）这篇文章有的地方可以再修改一下。

应当注意的是，在说普通话的时候，或者给词语注音的时候，凡是表示“区域”“部位”“部分”一类意思时，“地方”中的“方”要读轻声或注为轻声。人们往往忽略这一点。

196 “地下”有两种读音，意思不同

有人问，“罐子掉在地下”是否应改成“罐子掉在地上”。这个问题跟“地下”的读音有关。“地下”有两种读法，一种是 dìxià，另一种是 dìxia。第二种读法把“地下”读成了轻声词。

“地下”读 dìxià 的时候，表示“地面之下”。例如：

（1）咱们这里地下水很丰富，对抗旱发挥了重要作用。

（2）到这座楼的地下超市去看看吧，听说那儿商品很丰富。

“地下”也用来指“秘密的”“不公开的”。例如：

（3）这是当时地下党交给我的一项重要任务。

（4）这些人好像有地下活动，有关方面应当注意。

“地下”读成轻声词 dìxia 的时候，表示“地面上”。例如：

（5）走了两步，看见地下有一张报纸。

（6）他把包儿搁在地下，跟小朋友们聊了起来。

“罐子掉在地下”，是说“水罐掉在了地面上”，这里的“地下”宜读成轻声词 dìxia。

197 “调配”的两种读音和意思

“调配”有 diàopèi 和 tiáopèi 两种读法。

“调配”读 diàopèi 的时候，表示“调动，配置”。例如：

（1）领导决定给担任这个任务的研究室调配精兵强将，争取早日攻克难关。

（2）要合理调配劳动力，以保证水库按时完工。

（3）要按照季节的变化和农作物的需要调配水资源。

“调配”读 tiáopèi 的时候，表示“调和，配制”。例如：

（4）要严格按照处方调配治疗用的液体药剂，否则疗效不理想。

（5）要调配好舞台背景的色彩，好展现出黎明前的星空。

（6）我会根据老人们营养的需要调配好他们一周的伙食。

从上面的例子可以看出，读 diàopèi 的时候，语意重心在“调动”，而读 tiáopèi 的时候，语意重心在“配制”。

另外，“调换”应读 diàohuàn，往往有人误读为 tiáohuàn。“调换”的意思是“互换”或“更换”。例如：

（7）这两个队的教练调换一下，或许训练效果更好。

（8）你今天有事，咱俩调换一下，我来值夜班，你上白班。

（9）这个零件已经老化了，需要马上调换。

（10）这根木料有点细，调换一个粗些的，屋顶结构肯定更结实。

（7）至（8）中的“调换”表“互换”，（9）至（10）中的“调换”表“更换”。

198 “坊”在“牌坊”中怎么读

“坊”有一声 fāng 和二声 fáng 两个读音。

“坊”读一声 fāng 的时候，常用于街巷名称。例如：

（1）白纸坊位于北京西城区西南角，清代设有火药局。

（2）锦什坊街在北京西城区中部，是一条南北走向的小街。

“坊”在“街坊”一词中读轻声。“街坊”是“邻居”的意思。例如：

（3）这次回来，见了好些老街坊，真高兴。

“坊”表示手工业者的工作场所时读二声 fáng。例如：

（4）染坊是给布料等染色的场所。

（5）胡同西头有个豆腐坊，来买豆腐的小贩不少。

（6）这家食品店的后面，有个面包坊，因此店里常卖热乎乎的面包。

但是，“坊”在“作坊”中读轻声。例如：

（7）街对面是一家传统的造纸作坊，现在成了旅游者参观的景点。

“牌坊”中的“坊”有两种读法，一种是读一声 fāng，读成 páifāng；另一种是读轻声，读成 páifang。两种读法都可以。但口语中一般读 páifang。“牌楼”跟“牌坊”不同，只读轻声，读成 páilou。

199 “绯闻”的“绯”怎么读

“绯”是“红色”的意思，读一声 fēi。“绯衣”指古代官员的红色品服。“绯红”指鲜红或通红。例如：

（1）上野的樱花烂漫的时节，望去确也像绯红的轻云。（鲁迅《朝花夕拾·藤野先生》）

（2）万雪斋听了，脸就绯红。（《儒林外史》第二十三回）

“绯闻”也称“桃色新闻”，指关于不正当男女关系的新闻。其中的“绯”要读一声 fēi，常有人误读为三声 fěi。

200 “芳菲”“菲薄”中“菲”的不同读音

“菲”常见的读音有一声 fēi 和三声 fěi。

“菲”读一声 fēi 的时候，表示花草芳香。例如：

（1）别来春物已再菲，西望不见红日围。（苏轼《作书寄王晋卿忽忆前年寒食北城之游走笔为此诗》）

“芳菲（fēi）”常用来指花草芳香而艳丽。有时也用来指花草。例如：

（2）春天在野外漫步，春草芳菲，令人心旷神怡。

（3）这时，芳菲满园，游人兴致很高。

“菲菲”是指花草茂盛或芳香。例如：

（4）溪头三月草菲菲，城畔春游惜醉稀。（梅尧臣《依韵和吴季野马上口占》）

（5）花草菲菲，引来不少飞蝶和蜜蜂。

“菲”读三声 fěi 的时候，常表示“微薄”（数量少，价值低）的意思。例如：

（6）这件礼物价值不菲，恐怕能值上百万呢。

“菲（fěi）薄”也是“微薄”的意思。例如：

（7）他在山区当老师，待遇虽然菲薄，但他工作非常认真。

（8）这是我一点儿菲薄的小礼物，望您笑纳。

“菲薄”也用来表示“轻视”。例如：

（9）你要真正振作起来，努力奋斗，不能妄自菲薄。

（10）不同时代自然有不同看法，不宜随意菲薄前人看法。

“菲薄”的“菲（fěi）”往往被误读成一声 fēi。

201 “拂面”“拂袖”中的“拂”读 fú，不读 fó

“拂”只读 fú，不读 fó，“拂”常见用法有以下几项：

1. 表擦拭。例如：

（1）拂去盒子上的灰尘，他看到盒子上有两个字。

（2）把桌椅拂拭了一遍，这才坐下。

2. 表轻轻擦过。例如：

（3）温暖的春风吹拂着大地，百花盛开，一派生机。

（4）这时，走在大街上，春风拂面，一点儿都不冷。

3. 表甩动。例如：

（5）他一听这话，立即拂袖而去。

4. 表接近。例如：

（6）司令员命令，拂晓发起攻击，各团都作好了准备。

上面例子中的“拂”都要读 fú。

202 “脯”在“果脯”中读 fǔ，不读 pǔ

“脯（fǔ）”常见的用法有：

1. 指“干肉”。例如：

（1）这是当地人腌制的鹿脯，能放很长时间。

（2）他们带上兔脯，踏着厚厚的积雪出发了。

2. 指用糖、蜜等腌制的瓜果干儿。例如：

（3）这些果脯是北京特产，我买两盒回去送人。

（4）在果脯里，我最爱吃杏脯了，又酸又甜。

虽然有的人在口语中把“果脯”的“脯”读成 pǔ，但我们还是应当按照规范的读音读 fǔ。

另外，“脯”还指“胸部”，这时读 pú。例如在“胸脯”中读 pú。

203 “盖”做姓氏时怎么读

有人把做姓氏的“盖”读作 gě，也有人读成 gài，究竟应当怎么读呢？

在《汉语大字典》和《汉语大词典》中，“盖”读 gài 时，不做姓氏，读 gě 时才做姓氏。台湾目前使用的《最新实用字典》中，“盖”也是读 gě 时才做姓氏。但是，在《现代汉语词典》中，“盖”读 gài、gě 时，都可以做姓氏。这是为什么呢？

《汉语大字典》等工具书反映的是漫长的历史中的读音情况。也就是说，以往，“盖”做姓氏时要读 gě，不读 gài。但是，gě 这个读音很少用，gài 的读音很常用，所以，在长期的使用中，有些人就干脆把做姓氏的“盖”也读作 gài 了。

1960 年的《现代汉语词典》试印本跟上述《汉语大字典》《汉语大词典》及《最新实用字典》一样，规定“盖”做姓氏时读 gě，不读 gài。后来，该词典注意到许多人把做姓氏的“盖”读作 gài，于是，为了反映现实的读音情况，1965 年的试用本中，增添了“盖”做姓氏时读 gài 的音。

总起来说，“盖”做姓氏时，读 gài 读 gě 都可以。但对姓“盖”的人来说，应当坚持一种读法，不宜随意更改。

204 “胳肢”“胳肢窝”中“胳”的不同读音

“胳”的常见读音有三种：

1. 在“胳膊”中读 gē。例如：

（1）他的胳膊上戴着红袖章，上面写着“督查”两个字。

2. 在“胳肢窝”中读 gā。例如：

（2）老王一手提着暖水瓶，一手端着茶杯，胳肢窝里夹着本书。

（3）小周心里有点紧张，不觉胳肢窝里都出汗了。

3. 在“胳肢”中读 gé。例如：

（4）小吴突然胳肢小赵，小赵边笑，边躲。

（5）小郑最怕别人胳肢她的胳肢窝。

205 “更”在“深更半夜”“打更”中的读音

“更”在“深更半夜”中读 gēng。这里的“更”是量词。历史上曾将一夜分为五段时间，每段时间大约两小时，叫一更。例如：

（1）三更半夜的，还不好好睡，你想干吗？

（2）夜静更深的，我可不想上街，明儿早上给你买吧。

过去，在北京话里，把表示夜晚一段时间的“更”读成 jīng。“打更”指旧时代更夫报时。《北京方言词典》（商务印书馆，2010 年）和《北京话词典》（中华书局，2013 年）中，都把“打更”的“更”注音为 jīng，这种注音反映了北京话里“更”的读音。在 1937 年出版的《国语辞典》中，表示晚上一个时段的“更”有 gēng、jīng 两种读音。从上述情况来看，表示夜晚一个时段的“更”的两种读音，实际上是文白异读。过去北京口语中多读 jīng，后来说得少了，因此现在的读音规范指夜晚的一个时段时，“更”只有 gēng 一读。

206 “供”在“供应”“供认”中的读音

“供应”中的“供”读 gōng，“供认”中的“供”读 gòng。

“供”有两个读音。读一声 gōng 时，指“供给、向对方提供某种条件”，例如：

（1）这个作者常给我们提供稿件。

（2）子女供养父母是天经地义的事情。

（3）该公司还给员工提供食宿。

（4）这种新式折叠式自行车现在供不应求。

（5）别忘了，是父母供你上大学的。

“供”读四声 gòng 时，通常有以下两个意思：

一是指受审者交代或指交代的材料。例如：

（6）犯罪嫌疑人供认了犯罪过程。

（7）根据犯人的口供，侦查人员发现了新的情况。

二是指为祭祀摆设祭品或指祭品。例如：

（8）村民们每年春天都到这座庙里上供。

（9）他看见案桌上的供品十分丰盛。

207 “勾当”的“勾”怎么读

“勾”在词语中大多读 gōu。例如“勾搭、勾兑、勾画、勾结、勾引”中，“勾”都读 gōu。

在现代汉语的常用词语中，只是在“勾当”中，“勾”读去声 gòu。例如：

（1）这种勾当肯定是村西头的老张干的。

（2）这种罪恶的勾当令人发指。

208 “呱”在“蛙声呱呱”和“呱呱坠地”中的不同读音

“呱”是拟声词，有 guā 和 gū 两个读音。

“呱”用来形容鸭子、青蛙等的鸣叫声时，读 guā。例如：

（1）这时听到呱呱的青蛙叫，他知道附近不会有埋伏。

（2）一群孩子在树下乱喊，树上的乌鸦呱呱地叫着，飞走了。

“呱呱叫”除了表示叫声之外，也常用来表示“非常好”的意思。例如：

（3）这真是狗撵鸭子——呱呱叫，绱鞋不用锥子——真（针）好。

（4）他的水彩画画得呱呱叫，甭提多精彩了。

“呱”用来形容小孩儿的哭声时，读 gū。例如：

（5）襁褓中的婴儿呱呱而泣，有时是饿了，有时是不舒服。

（6）自打孩子呱呱坠地那天起，母亲便开始了一生无休止的劳碌，着急，操心。

209 古诗中韵脚的“斜”怎么读

有位老师问，“朱雀桥边野草花，乌衣巷口夕阳斜”（刘禹锡《乌衣巷》）、“桑柘影斜春社散，家家扶得醉人归”（王驾《社日》）中的“斜”，有人读 xiá，有人读 xié，怎样读合适。

笔者就此跟某出版社有关同志进行了沟通。得知该社倡导按照今音来读，也就是说，上面提到的两处“斜”都应读 xié。

这个原则笔者是赞同的。但是在实际教学中，有的老师主张把韵脚的“斜”读 xiá，认为这样读起来上口，也有一定道理。

因此，总的说，或许这样处理比较妥当：

我们提倡按照今音来读，也就是按照普通话的字音来读；对处于韵脚位置的“斜”，如果有师生读成 xiá，也不宜算错。

210 “汗”在“可汗”中读 hán

“汗”读 hàn 时指人和高等动物从皮肤排泄出来的液体。例如：

（1）把这堆砖头搬完，我俩出了一身汗。

（2）跑完这一段路，他累得汗流浃背。

但是，“汗”在“可汗”中要读 hán。“可汗”是古代鲜卑、突厥、回纥、蒙古等族最高统治者的称号，意思是“王”。宋元以后，汉文史籍中多将“可汗”简称为“汗”。例如：

（3）昨夜见军帖，可汗大点兵。（《木兰诗》）

（4）至吐门，遂强大，更号可汗，犹单于也。（《新唐书·突厥传上》）

（5）一代天骄成吉思汗，只识弯弓射大雕。（毛泽东《沁园春·雪》）

“可汗”的“可”读四声 kè，不读三声 kě。

211 “和”字读 hàn 的问题

台湾电视连续剧中有人把“和”读成 hàn，例如把“我和你”说得好像“我汗你”。于是有人问：“和”有 hàn 的读音吗？

1932 年出版的《国音常用字汇》中，“和”字做连词时有 hàn 的读法。1937 年出版的《国语辞典》中，“和”做连词时，除了有 hé 的读法外，还有 hàn 的读法，并注明这种读法是“北京语音”，是“和”在北京话中做“连词，用同及、与”时的一种读法。

新中国成立后，普通话审音委员会于 1957 年 10 月和 1959 年 7 月先后发表了《普通话异读词审音表初稿》正、续两编。1962 年 12 月，又发表了《普通话异读词审音表初稿》第三编。为了便于检查参考，普通话审音委员会把三次发表的《普通话异读词审音表初稿》辑录在一起，题为《普通话异读词三次审音总表初稿》，由文字改革出版社（现为语文出版社）于 1963 年 10 月出版。在《普通话异读词三次审音总表初稿》中，“和”字没有 hàn 的读音。1982 年 6 月重建了普通话审音委员会，对《普通话异读词三次审音总表初稿》进行了修订。修订稿经国家语委、国家教委和广播电视部审核通过后，于 1985 年 12 月以《普通话异读词审音表》的名称予以公布。在《普通话异读词审音表》中，“和”字仍没有 hàn 的读音。

普通话语音专家徐世荣先生在《普通话异读词审音表释例》中提到了上述情况，他指出“和”字的 hàn 等音“皆偏于北京土音、土语，今审定不取”。故而现在大陆的工具书中，“和”字一般都没有 hàn 的读音。

不过，在大陆出版的描写北京方言的词典中，可以看到“和”字 hàn 的读音。例如在《北京方言词典》及《新编北京方言词典》（商务印书馆）中，连词“和”都有 hàn 的读音。其中，《北京方言词典》对连词“和”（hàn）的读音解释说：“现在已不大使用，使用范围只限于‘什么和什么’‘哪儿和哪儿’‘谁和谁’等词组中。”

台湾的工具书沿袭了 20 世纪 30 年代连词“和”（hàn）的读音。例如在《国语日报辞典》《最新实用字典》《彩色辞海》中，连词“和”都有 hàn 的读音。因此，我们在看电视时听到台湾人把连词“和”读成 hàn。不过，台湾有的工具书，例如《国语活用辞典》中，连词“和”的读音跟大陆一致，其中并无 hàn 的读音。

212 “哼”有几个读音

“哼”有两个读音，一个是 hng，另一个是 hēng。

读 hng 时是叹词，有两个意思。其中一个意思是“不满”“鄙视”“愤慨”。例如：

（1）哼，他怎么能这么做呢？（不满）

（2）哼，这有什么了不起的！（鄙视）

（3）哼，他们简直是胡作非为！（愤慨）

“哼（hng）”是个叹词，汉语中的叹词总是独立使用的，也就是说，不能附着在句末。这是要格外注意的。

有人会问：“普通话的音节都有元音，hng 这个音节怎么没有元音啊？”这个音节的确没有元音，这是一种特殊情况，是为了准确表示特别的语气而设置的音节。除了 hng，还有 m、n、ng 等几个音节，也没有元音。

“哼”的另一个读音是 hēng，这时“哼”是动词。读 hēng 时，有以下几个意思：

一是表示鼻子发出的声音，例如：

（4）只听他鼻子里哼了一声，没听见他说什么。

（5）他闷闷不乐地哼了几声，就走了。

二是表示呻吟。例如：

（6）虽然很痛，但他一声也不哼，以便不影响医生做手术。

（7）老周被石头砸了，疼得直哼哼。

三是表示低唱或吟咏。例如：

（8）他靠着窗口，哼着一首抒情的歌。（低唱）

（9）在旅途中，高兴的时候，他总喜欢哼一首唐诗。（吟咏）

213 “横”在“横加”跟“横财”中读音不同

“横”的常见读音有二声 héng 和四声 hèng 两种。

“横”读二声 héng 时表下面几个意思：

1. 表“横向”。例如：

（1）横梁上挂着一副盔甲。

（2）横幅上写着四个字“百折不挠”。

（3）这条船今年夏天将横渡太平洋。

（4）长安街横贯北京城。

（5）现在竖排本很少，图书大多是横排本。

（6）同学们赶快站成三排横队。

（7）从树的横剖面可以看见树的年轮。

（8）要从人行横道过马路。

上面例子中（1）至（2）的“横”指“跟地面平行”，（3）至（4）的“横”指“东西方向”，（5）至（6）的“横”指“左右方向”，（7）至（8）的“横”

指“跟长的一边垂直的”。

2. 做动词，表示“把物体横过来”。例如：

（9）把长沙发横过来放，更省地儿。

（10）春潮带雨晚来急，野渡无人舟自横。

3. 形容杂乱。例如：

（11）沧海横流，方显英雄本色。

（12）蔓草横生，田园荒芜。

4. 表粗暴。例如：

（13）这些人横行霸道，欺压百姓，群众早已恨之入骨。

（14）有人对此横加指责，是完全没有道理的。

“横”读四声 hèng 时，有两个意思：

1. 表“粗暴”。例如：

（15）你这人怎么这么蛮横不讲理啊！

（16）这是一种横暴的行为，必须制止。

从上面的例子可以看出，表示“粗暴”义时，有的“横”读二声 héng，有的“横”读四声 hèng。区别在哪里呢？

区别在于，书面语色彩的词语多读二声 héng，而口语色彩的词语多读四声 hèng。故而成语中表“粗暴”义的“横”多读二声 héng。例如“横加干涉、横行不法、横行天下、横行无忌、横征暴敛”中的“横”读二声 héng，而“这人说话真横”中的“横”读四声 hèng。也就是说，“横”表“粗暴”义时的两种读音，可以理解成“文白异读”。

2. 表“意外的”。例如：

（17）他以为自己发了笔横财，殊不知因此锒铛入狱。

（18）这简直是一场飞来横祸。

（19）只要自己留心，处事谨慎，就可免横灾飞祸。

214 “哄”在“一哄而起”中的读音

“哄”有三种读音：一声 hōng、三声 hǒng、四声 hòng。

读一声 hōng 的时候表示“许多人同时发出声音”或“许多人同时发出的声音”。例如：

（1）他这一席话引起听众哄堂大笑。

（2）街上哄传食盐要涨价，不少上当的人忙去抢购。

（3）这段相声引起一次又一次哄笑。

（4）听了这句话，全场观众“哄”地笑了起来。

（5）“哄”的一声，听众大笑起来。

上面例子中（1）至（3）中的“哄”表示“许多人同时发出声音”，是动词，（4）至（5）中的“哄”表示“许多人同时发出的声音”，是拟声词。

“哄”读三声 hǒng 的时候表示“用话骗人”或“逗人高兴”。例如：

（6）你别哄我，我才不信呢。

（7）狐狸的这种话再也哄不了乌鸦了。

（8）儿媳妇这么一哄，婆婆气全消了。

（9）孩子哭了，还不去哄一哄。

上面例子中（6）至（7）中的“哄”是“用话骗人”的意思，（8）至（9）中的“哄”是“逗人高兴”的意思。

“哄”读四声 hòng 的时候，表示“吵闹”。例如：

（10）做这件事要先仔细研究，不能一哄而起。

（11）人们早就听得不耐烦了，现在又听见他这样说，便一哄而散。

（12）同学们听到李强与众不同的回答，边笑边叫好，老师说：“你们别起哄，听他慢慢说。”

有的时候，用“哄”（hòng）所表示的“吵闹”不是“闹事”，而是指一些人同时发声来开玩笑，如（12）。

215 “红”在“女红”中读 gōng

“女红”指旧时代妇女的纺织、缝纫、刺绣等工作。例如：

（1）（平氏）从小学得一手好针线，思量要到个大户人家教习女红度日，再作区处。（《古今小说·蒋兴哥重会珍珠衫》）

（2）念奴前身业重，绑十指筝弦箫孔；慵线懒针，几曾解女红。（孔尚任《桃花扇·栖真》）

（3）丽嘉早已习惯得很会玩，女红的事，她生来便不屑于作。（丁玲《韦护》第一章）

“女红”的“红”通“工”，指女子的纺织等工作，故工具书均注音为 gōng。《汉书·郦食其传》中说：“农夫释耒，红女下机。”唐代学者颜师古注解说：“红，读曰工。”把“女红”的“红”读成 hóng，是一种误读。

216 “华”在“华山”中读 huà，不读 huá

“华山”在陕西省华阴市南，是“五岳”之一。“华山”的“华”读四声 huà，不读二声 huá。华山脚下的华阴市的“华”也读四声 huà，不读二声 huá。华阴市西面有华县，华县的“华”也读四声 huà，不读二声 huá。

福建漳州的华安、云南玉溪的华宁中的“华”则读二声 huá，不读四声 huà。也就是说，跟华山有关的华山附近的地名中的“华”读四声 huà，此外一般读二声 huá。

“华”做姓氏时，读四声 huà，不读二声 huá。例如“华佗”“华罗庚”中的“华”要读四声 huà。

音译的人名、地名都读二声 huá。例如“华盛顿”“华尔街”中的“华”读二声 huá。

217 “诲”只读 huì，不读 huǐ

“诲”常有人读 huǐ，其实，这个字只读四声 huì，不读三声 huǐ。例如：

（1）他一直记着老师的教诲，百折不挠，坚持不懈地学习、研究。

（2）张先生多年来一直乐于帮助年轻人，诲人不倦。

（3）许多年过去了，小刘始终记得校长在毕业典礼上的训诲。

（4）经过有关机构的严厉查禁，诲淫诲盗的书已经很难出笼了。

218 “混”读 hùn、hún，读 hún 时宜写成“浑”

“混”读四声 hùn，常见的用法有：

1. 把不同的事物掺杂在一起。例如：

（1）小贩把两种鸡蛋混在一块儿卖，顾客看不出来。

（2）这是两件事儿，不能混为一谈。

2. 蒙混（进去）。例如：

（3）你是怎么混进会场的？

（4）这是一种鱼目混珠的做法，是在欺骗消费者。

3. 得过且过地生活。例如：

（5）得抓紧时机学习，大好年华怎么能混日子呢？

（6）他做这件工作敷衍了事，混了大半辈子，一事无成。

4. 跟他人交往、接触。例如：

（7）在一起工作了两周，他俩就混熟了。

（8）几个人常一起出去旅游，混得很熟。

“混”还有二声 hún 的读音。不过，“混”读成二声 hún 的时候，现在一般写成“浑”，常见用法：

1. 浑浊。例如：

（9）大雨过后，河水变浑了。

（10）这些人不过是想浑水摸鱼而已。

2. 不明事理。例如：

（11）这孩子简直是个浑球儿。

（12）他是当地的大浑蛋，人见人恨。

从遵循规范写法来说，“混”读二声 hún 时，我们宜写成“浑”。不过，当看到别人把读二声 hún 的“混”仍写成“混”，例如写成“混蛋”“混球儿”等时，也不宜将其视为“硬伤”。

219 “混天绫”中“混”的读法

有人问“哪吒闹海”中，哪吒手持的“混天绫”的“混”读第几声。

在《汉语大词典》中有“混天星”一词，其中的“混”，该词典认为读四声 hùn。“混天星”是指“天上捣乱的星宿”。也就是说，“混天”是指扰乱天庭的意思。

元代郑光祖《倩女离魂》第一折中说：“他是掣风涛混海鲸鳌。”《汉语大字典》在解释“混”字时举了这个例句，这里的“混”字《汉语大字典》认为读四声 hùn。“混海鲸鳌”的意思是“扰乱大海的鲸鳌”。

“混天绫”中的“混”跟“混天星”“混海鲸鳌”中的“混”意思相同，也是“扰乱”的意思，也宜读成四声 hùn。

220 “藉”在“狼藉”“慰藉”中的不同读音

“藉”有两个读音，一个是 jí，另一个是 jiè。

“藉”读 jí 时有“杂乱”的意思。“狼藉”指“乱七八糟”或“杂乱不堪”，其中的“藉”要读 jí。

“藉”读 jiè 时，有“铺垫”或“垫子”的意思，在“慰藉”“蕴藉”中要读 jiè。“慰藉”是“安慰”的意思，“蕴藉”是“含蓄”的意思。例如：

（1）我从来信中得知这个消息，心中颇感慰藉。

（2）这首诗意味蕴藉，值得同学们细细品味。

应当注意，表示“凭借”的意思时，要写“借”，不宜写“藉”。此时这两个字是繁简关系。例如“他借此机会发表了自己的感想”不宜写成“他藉此机会发表了自己的感想”。

还应注意“慰藉”“蕴藉”中的“藉”不要误写成“籍”。

221 “几”在“几乎”中读一声 jī

“几”有两个读音，一个是三声 jǐ，另一个是一声 jī。

“几”读三声 jǐ 时常用来表示对数目的疑问或表示概数。例如：

（1）该小组一共有几个人？

（2）这次行动我们一共去几个同志？

（3）你带几个人过去看看，嫌疑人是否潜回家中。

（4）小张去给大伙儿买几斤肉包子吧。

此外，在译音的名称中“几”也读三声 jǐ。例如：

（5）他去过非洲的几内亚。

“几”读一声 jī 时常见用法有两种：

1. 矮小的桌子。例如：

（6）这里窗明几净，真是读书的好地方啊！

（7）沙发前面摆着一个玻璃茶几，上面放了杯咖啡。

2. 表“接近”。例如：

（8）有关学者踊跃参会，截至今天上午，报名者几达千人。

（9）柔肠几断，珠泪交流。（《红楼梦》第一百一十九回）

（10）要不是你提醒，我几乎把这件事儿给忘了，现在就办吧。

（11）听了大夫这些话，老两口几近崩溃。

应当注意的是，表“接近”的“几”容易误读为三声 jǐ。特别是“几乎”，是个常用词，其中的“几”要读一声 jī。

222 “奇数”的“奇”读 jī，不读 qí

“奇”有 qí、jī 两个读音。

“奇”读二声 qí 时，表示：

1. 特殊，不平常。例如：

（1）这事儿真是奇妙啊，我从来没遇上过。

（2）院子里用奇形怪状的石头堆成了一座假山。

2. 意料不到的。例如：

（3）这时候，不能硬拼，只有出奇兵，才能取胜。

（4）在偏僻的深山行走，有时会有奇遇。

3. 惊异。例如：

（5）真奇怪，怎么才来了两个人？

4. 非常。例如：

（6）初春时节逢上干旱，再加上鬼子扫荡，根据地粮食奇缺。

“奇”读一声 jī 时，表示单数的，不成对的。例如：

（7）这几个数字是奇数，不是偶数。

“奇零”指整数之外的零头，其中的“奇”读 jī。例如：

（8）奇零之款，我就不要了。

把“奇数”“奇零”中的“奇”读成 qí 是一种误读。

223 “脊梁”中的“脊”读 jǐ，不读 jí

“脊”读 jǐ，例如：

（1）山路上走过来一个老汉，脊背上背着一个孩子。

（2）这些人物是中华民族抗日战争中的脊梁。

（3）他从山崖上摔下来，脊柱发生了骨折，被送到医院。

从上面的例子可以看出，“脊”只读三声 jǐ，不读二声 jí。读二声的人，是受了旧标准的影响，在 1963 年出版的《普通话异读词三次审音总表初稿》中，“脊梁”的“脊”被规定为读二声 jí。而在 1985 年发布的《普通话异读词审音表》中，“脊”被规定为统读三声 jǐ，现在的工具书都据此将“脊梁”的“脊”注为三声 jǐ。

224 “计数”“难以计数”中的“数”怎么读

“计数”的“数”有三声 shǔ 和四声 shù 两种读法。

“数”读三声时，“计数（shǔ）”是统计、计算的意思。其中的“数”是动词，表“统计，计算”。这时，“计数”是联合型合成词。例如：

（1）圆明园被侵略者毁坏和掠走的文物很多，不可计数。

（2）海洋里拥有难以计数的珍贵的海洋生物。

（3）他一天一天地计数着亲人的归期。

（4）这样的事例是无法计数的。

（5）他们使用这种方法来计数人数。

“数”读四声时，“计数（shù）”是“统计数量”的意思。其中的“数”是名词，表“数目”或“数量”。这时，“计数”是动宾型合成词。例如：

（6）我昨天在商店买了一个计数器。

（7）研究这个问题时，计数单位是微米。

（8）他一边登记，一边在另一张纸上计数。

（9）那时他们使用的计数工具是算盘。

（10）小刘在黑板上画“正”字来计数。

值得注意的是，不要把“不可计数”“难以计数”中的“数”读成四声shù，而应读成三声shǔ。也可以简单地说，“计数（shǔ）”是“数（shǔ）”的意思，而“计数（shù）”是“数（shǔ）数（shù）”的意思。

225 “夹”在“夹击”“夹衣”中的不同读音

“夹”有一声jiā和二声jiá两个读音。

“夹”读一声jiā时，主要有以下几个意思：

1. 表从两侧同时用力。例如：

（1）他用筷子夹起一块鸡肉放进嘴里。

（2）游击队从山谷两侧夹击鬼子。

（3）老李胳膊底下夹着个皮包走了出去。

2. 表处于两者之间。例如：

（4）两座高山夹着一条河，河水湍急。

（5）他发现书架上的一本书里夹着一张纸条。

3. 表掺杂、混杂。例如：

（6）今天晚上有雨夹雪，你早点回去吧。

（7）工作人员觉得人群中夹杂着的这几个人很可疑。

4. 表夹子。例如：

（8）我把文件夹放在办公桌上。

另外，“夹”在音译词中读一声jiā。例如：

（9）小吴买了件皮夹克。

“夹”表示“双层的衣被”时，要读二声jiá。例如：

（10）秋天到了，穿衬衣不行了，得换上夹衣了。

（11）中午午睡的时候，老孙盖上一条夹被。

（12）给孩子买件夹袄吧，天凉了。

“夹层”指中间有空隙的双层，例如“夹层墙”“夹层玻璃”。其中的“夹”读一声 jiā。

从上面的例子可以看出，“夹”只有在表示“双层的衣被”时，才读二声 jiá。

226 “戛”在“戛然而止”“戛纳”中的读音

“戛”读 jiá，常用于“戛然”“戛然而止”。例如：

（1）这时，水边的丹顶鹤戛然长鸣。

（2）他刚说了半句，却戛然而止，不再说了。

（3）这件家用电器超市的打折宣传昨天戛然而止。

（1）中的“戛然”形容响亮的鸟叫声。（2）至（3）中的“戛然而止”形容声音或事情等突然中止。

近些年来，人们一般把法国南部城市“戛纳”的“戛”读为 gā。戛纳电影节每年 5 月举办一次，是世界最具影响力的国际电影节之一，因此“戛 gā 纳”常见于口语和书面。为了反映社会语文生活中的这一实际情况，《现代汉语词典》第 6 版给“戛”增加了 gā 的读音，并说明用于法国地名“戛纳”。

227 “监利”的“监”怎么读

央视播音员在播报长江的湖北监利段发生了沉船事故新闻时，把“监利”的“监”读成四声 jiàn。有人查阅《辞海》，发现其中的“监利”排在“监（jiān）”字头的词语里，而没有排在“监（jiàn）”字头的词语里，这表明该辞典认为“监利”的“监”读一声 jiān。而《现代汉语词典》中给“监利”的“监”的注音是四声 jiàn。

1957 年 10 月、1959 年 7 月和 1962 年 12 月，普通话审音委员会先后发表了《普通话异读词审音表初稿》正、续两编及《普通话异读词审音表初稿》第三编。在1957年和1962年审订的读音中，有若干地名读音。其中，在1962年审订的地名读音中，有“监利”的读音。其中的“监”读四声 jiàn。

《现代汉语词典》中有“监利”一词，读音是 jiànlì，并解释说：“地名，在湖北。”《现代汉语词典》的这一注音，正是依循了1962年审订的“监利”的读音。央视播音员把“监利”的“监”读为四声，跟《现代汉语词典》中“监利”的注音相一致，是正确的。

“监”读四声 jiàn 时，还用作古代官府名或官名。钦天监是古代掌管观察天象、推算节气历法的机构。秘书监是我国封建社会中央政府设置的专掌国家藏书与编校工作的机构和官名，存续时间长达1500余年。中书监是官名，三国时魏国始置，与中书令职务相等而位次略高，实际上掌管机要。国子监是古代国家最高学府和教育管理机构，监生指国子监生员即学生。

228 江姐的名字怎么读

一部电视剧中把江姐的名字“江竹筠”读作 Jiāng Zhújūn，这种读法不对。应当读 Jiāng Zhúyún。“筠（yún）”指竹子外面坚韧的青皮，人们用“竹筠”来比喻坚贞的品格。例如唐代诗人刘禹锡说：“坚贞竹有筠。”江姐名字的寓意也正在此。

229 “酵母”“发酵”中的“酵”读 jiào

“酵”字只读 jiào，不读 xiào。因此在“酵母”“发酵”等词语中均读 jiào。不过，过去“酵”的确有 xiào 的读音。例如20世纪20年代的《国音白话学生词典》中说“酵”除了读 jiào 外，“今亦读 xiào”。30年代的《国音常用字汇》中，也说“酵”“又读 xiào”。1963年出版的《普通话异读词三次审音总表初稿》中，“酵”字的读音定为 jiào。社会上有的人根据“酵”字右偏旁是“孝”，将“酵”读成 xiào。《普通话异读词审音表》（1985 年）规定，“酵”统读 jiào，现在的工具书都遵循这一做法。因此我们应将“酵”读成 jiào。

230 “禁”在“不禁”中读 jīn，不读 jìn

“禁”有四声 jìn 和一声 jīn 两个读音。

“禁”读四声 jìn 时，主要有以下几个意思。

1. 表“禁止”。例如：

（1）禁止携带易燃物品上火车。

2. 表“关押”。例如：

（2）这位将军实际上被软禁在家中了。

3. 表法令或风俗不允许的事。例如：

（3）这么做在部队中是违禁的。

（4）有的事情在当地是犯禁的。

4. 过去对皇宫的称谓。例如：

（5）宫禁之中平时总是静悄悄的。

“禁”读一声 jīn 时，有两个意思。

1. 表“承受”“承受得住”。例如：

（6）经过锻炼，她再也不是弱不禁风的人了，身体很结实。

（7）再结实的家具也禁不住你这么糟蹋。

（8）深颜色的衣服比较禁脏。

2. 表“忍住”。例如：

（9）他感到一阵寒意，禁不住打了个寒噤。

（10）听了这几句话，老冯情不自禁地笑了起来。

上面例子中的（7）跟（9）中都有“禁不住”，其中的“禁”都读一声

jīn，但意思不同，前者表“承受”，后者表“忍住”。

“不禁”是“忍不住”的意思，其中的“禁”要读一声 jīn。例如：

（11）他听到如此精彩的京剧唱段，不禁高兴地鼓起掌来。

（12）人们听了他说的这番话，不禁笑了起来。

231 “颈椎”的“颈”读 jǐng，不读 jìng

“颈”读三声 jǐng，指“脖子”或“器物像脖子的部位”。例如：

（1）动物园里的长颈鹿能把头伸出来吃树上的树叶。

（2）听说练习健身球能帮助治疗颈椎病。

（3）瓶颈上挂着一个牌子，上面写着产地、价格。

口语中有人把“颈”读成四声 jìng，是一种误读。

“颈”一般读三声 jǐng，只是在“脖颈儿”一词中读 gěng。“脖颈儿”指脖子的后部。例如：

（4）他摸了摸脖颈儿，觉得没受伤，就走了。

在北京话里，“脖颈儿”有时也说成“脖颈子”，这时“颈”仍读 gěng。例如：

（5）我老了，土都埋脖颈子了，还是让年轻人干吧。

232 “灸”读三声 jiǔ，不读一声 jiū

“针灸”的“灸”读三声 jiǔ，有人误读为一声 jiū。

“灸”是中医的一种疗法，指用燃烧的艾绒熏灼人体的穴位。“灸”是形声字，在金文中就出现了，“火”是形旁，“久”是声旁，在《广韵》中是上声字，在普通话中只读三声 jiǔ。例如：

（1）这个病经过一段时间的针灸治疗，取得了意想不到的治疗效果。

（2）灸疗的理论基础是经络学说。

虽然在北京口语中，有的人读一声，但我们还是应该按照《现代汉语词典》等工具书中的规范读音，将“灸”读成 jiǔ。

233 “咎由自取”中的“咎”读四声 jiù，不读一声 jiū

“咎（jiù）”常见的意思有两个：

1. 过失，罪过。例如：

（1）这场事故，有关领导应当引咎自责，而不是相互推卸责任。

（2）他的贪腐行径被发现，锒铛入狱，是咎由自取。

2. 追究罪过，责备。例如：

（3）只要对方放下武器，我们可以既往不咎。

（4）他感到自己动辄得咎，真不知道怎么办才好。

“咎”读四声 jiù，有人读一声 jiū，是误读。

234 “绢”读四声 juàn，不读一声 juān

“绢”指薄而坚韧的丝织品，例如：

（1）绢本指写在绢上或画在绢上的字画。

（2）用各种颜色的绢仿制的花卉被称为绢花。

（3）丝绢布可喷绘个性化图案，例如新婚照、旅游留念、全家福等。

（4）她将手绢放进脸盆，洗了起来。

（1）至（4）中的“绢”都读四声 juàn，有人读一声 juān，是误读。

235 “角斗”的“角”怎么读

“角斗”应该读 juédòu。

《普通话异读词审音表》规定“角”的读音有两个：一个是 jiǎo，另一个是 jué。

“角”读 jiǎo 时，表示牛、羊等头上的硬东西，像“角”的东西，边沿等意思。例如：

（1）牛、羊的角都有自卫的功能。

（2）我很喜欢吃豆角焖面。

（3）桌子角上搁着一个杯子。

（4）今天上几何课，需要带量角器。

（5）战斗的号角已经吹响。

（6）即使走到天涯海角，也不会忘了家乡的美食。

“角”表示“角色”“演员”“竞赛”等意思时读 jué。例如：

（7）不论演主角还是配角，他都很认真地去表演。

（8）她是黄梅戏的名角儿，演过《天仙配》。

（9）两个球队的这场角斗持续了两个小时。

（10）有 10 个选手参加了最后一轮角逐。

有人把“角斗”的“角”读成 jiǎo，是一种误读。

236 “倔”单说时读 juè，在“倔强”中读 jué

“倔”用来形容人的性情刚强而固执。单说的时候读四声 juè。例如：

（1）看门的老头儿脾气特倔，还是你去问问他吧。

（2）好几个人都劝不过来，他可真倔呀。

（3）我爸就是这倔脾气，谁也没办法。

（4）你们俩真是倔到一块儿去了。

（5）他倔？我比他还倔！

“倔强”的意思是“刚强不屈”。在双音词“倔强”中，“倔”要读二声 jué。例如：

（6）这人性格倔强，不听人劝，我可不想跟他共事。

（7）你还年轻，待人接物不能这么倔强，要改一改。

（8）性情倔强的人，不容易听进别人的意见。

（9）这位运动员性格挺倔强的，不服输，训练很刻苦。

（10）唉，这孩子脾气这么倔强，我担心他以后会吃亏。

应当注意，“倔强”的“强”要读 jiàng，不读 qiáng。

此外，口语中有时说“倔头倔脑”，常用来形容态度、言行生硬。“倔头倔脑”的口语色彩明显，其中的“倔”读四声 juè。例如：

（11）这小伙子倔头倔脑的，派他去办不成事儿。

（12）那个服务员倔头倔脑的，服务态度不好。

（13）你要找个随和一点儿的，别找个倔头倔脑的。

237 “槛”在“门槛”中读 kǎn，在“曲槛”中读 jiàn

“槛”有两个读音，一个是 kǎn，另一个是 jiàn。

“槛”读 kǎn 时，指门框下部挨着地的横木或石条。例如：

（1）走至堂屋，只见小丫头丰儿坐在房门槛儿上。（《红楼梦》第七回）

（2）门口是两扇大红门，下面的门槛很高。

（3）名牌大学门槛儿高，多数学生望而生畏。

（4）跨过这道门槛，后面的路就好走了。

上面例子中（1）至（2）中的“门槛”是实指，（3）至（4）中的“门槛”则是比喻性的用法。

“槛”读 jiàn 时，指“栏杆”。例如：

（5）阁中帝子今何在？槛外长江空自流。（王勃《滕王阁诗》）

（6）曲槛日初斜，杜鹃啼落花。（李珣《菩萨蛮》）

另外，“槛”读 jiàn 时，也指关动物的栅栏或押送犯人的囚笼。例如：

（7）兽槛里关着一头狼。

（8）槛车里的犯人是押往京城的。

“槛”读 kǎn，在生活中比较多见；读 jiàn，则多见于古诗文或书面语。另外，“门槛”跟“门坎”是一组异形词，现在以“门槛”为规范词形。

238 “坷”在“坎坷”中读 kě，不读 kē

“坎坷（kě）”指道路高低不平。例如：

（1）山间小路，坎坷难行。他们走到天黑才到达。

（2）村外的道路原先坎坷不平，现在修了公路，进城方便多了。

“坎坷”也用来比喻人生的道路不顺利。例如：

（3）这位先生一生坎坷，吃了很多苦，但仍矢志不移地研究科学。

（4）他经商多年，历经许多坎坷，终于获得较大成功。

“坎坷”读 kǎnkě，应注意其中的“坷”读三声 kě，不读一声 kē。

239 “溘然长逝”中的“溘”读 kè，不读 hé

“溘（kè）然长逝”中的“溘”是“忽然”的意思。例如：

（1）朝露溘至，握手何言？（江淹《恨赋》）

（2）最后，孙先生连呼“和平奋斗救中国”数声，溘然长逝！（何香凝《回忆孙中山和廖仲恺》）

（3）面对溘然降临的灾难，他有些不知所措。

“溘”读四声 kè，有人读 hé，是一种误读。

240 “空落落”的读音

有位老师问，“空落落”一词，有的材料上注音为 kōngluòluò，有的则注为 kōnglàolào，究竟应当怎样读呢？

“落”是个文白异读字，在书面语色彩较明显的词语中多读 luò，而在口语色彩较明显的词语中多读 lào。例如在“落榜、落差、落地、落户”中“落”读 luò，而在“落不是、落汗、落枕”中“落”读 lào。

“空落落”有两个意思，一个是“空旷而冷冷清清”。例如：

（1）落了叶子的树林子空落落的。

（2）暑假里的校园空落落的，看不见一个人影儿。

（3）这时正是冬天，花园里空落落的，没有游人。

“空落落”的另一个意思是“心中没有着落，若有所失”。例如：

（4）他送走孩子后，心里空落落的，像少了点儿什么似的。

（5）乍一离开上了六年的母校，心里有点儿空落落的。

（6）送他来上学的父母和姑妈都走了，他站在学校门口，心里空落落的。

“空落落”一词在口语中使用较多，人们在口语中要表达“心中没有着落，若有所失”这个意思时，常用到这个词。且一般多说成 kōnglàolào。因此，在《现代汉语词典》中，“空落落”一词的注音虽然是 kōngluòluò，但是在其后的括号中说明，“口语里多读 kōnglàolào”。从该词典的这一说明来看，采用文白两种读法都是可以的，都不算错。“空落落”一词出现在文章中时，如果文章的书面语色彩较明显，则宜读 kōngluòluò；如果口语色彩比较明显，则宜读 kōnglàolào。

241 “空地”“空缺”中的“空”读 kòng，不读 kōng

“空”有两个读音，一个是一声 kōng，另一个是四声 kòng。

“空”读一声 kōng 的时候，是形容词，表示“里面没有东西、人等”。例如：

（1）地上有两个空瓶子，小刘捡起来扔到垃圾桶里。

（2）教室里空无一人，讲桌上搁着个空盒子，里面没一根儿粉笔。

（3）他又白跑了一趟，空着手回来了。

（4）这篇文章内容太空泛，没什么东西。

（5）我已经把房子腾空了，你往里搬吧。

“空”读四声 kòng 的时候有动词、形容词、名词三种用法。

1. 做动词，表示“使空缺”或“腾出来”。例如：

（6）每段文字的开始，要空两格。

（7）下周我要空出一天时间陪家人去景山公园。

（8）这两排座位之间为什么空出一块地方？

（9）我打算把东边那间房子空出来，放好多盆花儿。

（10）咱们把后院空出一块地方种西红柿吧。

2. 做形容词，表示“没有被占用的”。例如：

（11）这层楼还有三个空房间，你们看看行不行。

（12）后院有两个空教室，可以做阅览室。

（13）船上还有些空船舱，这些货物就放在那儿吧。

3. 做名词，表示“没有被占用的时间或空间”。例如：

（14）下礼拜太忙，一点儿空都没有。

（15）这儿还有点儿空，你就挤一挤坐这儿吧。

（16）老五啊，你忙是忙，可总得抽空去看看奶奶啊。

“空地”“空缺”中的“空”是形容词，表示“没有被占用的”，因此读四声 kòng。

“空城计”是说城里没有兵将，因此其中的“空”读一声 kōng。

“空(kōng)心”是说内部是空的，例如“空心萝卜”是说萝卜中间没长实，“空心菜”则指一种茎秆中空的菜。

“空（kòng）心”则指没吃东西，使得肚子空（kōng）着。例如：

（17）先吃点儿东西垫一垫，省得一会儿喝空心酒。

242 “夸父逐日”中的“夸”读 kuā，不读 kuà

“夸父逐日”中的“夸父”是古代神话中的人名。“逐日”是“追赶太阳”的意思。这个故事被用来比喻征服自然的坚强决心，也比喻自不量力。

“夸”是姓氏。《姓觿·麻韵》中说：“夸，《路史》云：黄帝裔，夸父之后。”“夸父”的“夸”不是简化字，是传承字。

“夸父”的“夸”读一声 kuā，有人读四声 kuà，是一种误读。

243 “乐”在“不亦乐乎”中读 lè，不读 yuè

《论语·学而》中说：“有朋自远方来，不亦乐乎？”意思是：“有朋友从远方来，不也是很快乐的吗？”现在常用“不亦乐乎”表示达到了很高的程度。例如：

（1）这些天他忙着办会，忙得不亦乐乎。

（2）两个人争论得不亦乐乎，也没争论出什么名堂。

在《现代汉语词典》等工具书中，“不亦乐乎”中“乐”的读音是 lè，而不是 yuè。有人读 yuè，是误读。“不亦乐乎”中的“乐”是“快乐”的意思。

244 “勒令”中的“勒”读lè，不读lē

“勒”是个文白异读字，文读是lè，白读是lēi。

一般来说，在古诗文、成语、双音词中读lè。例如：

（1）辇前才人带弓箭，白马嚼啮黄金勒。（杜甫《哀江头》）

（2）（年羹尧）勒娶蒙古贝勒七信之女为妾。（陈康祺《燕下乡脞录》卷七）

（3）你们若不悬崖勒马，必将自食恶果。

（4）该作家只用寥寥数语便勾勒出一个生动的人物形象。

（5）这些家伙只知勒索百姓，干不出什么好事。

（6）现在还不能采取措施强行勒抑物价。

在口语中单说时，读lēi。例如：

（7）大车上有个大口袋，口袋上勒了几道绳子。

（8）看来，这两年我们还得勒紧裤腰带过紧日子。

（9）这带子太紧了，给我肩膀勒得生疼，你帮我松一松。

（10）绳子太细了，有点勒手，换个粗点儿的吧。

不过，在个别口语色彩明显的双音词中，“勒”要读lēi。例如：

（11）他们太困难了，切不可再去勒掯人家。

例（11）中的“勒掯”是“强迫或故意为难”的意思，多见于口语，有方言色彩。

“勒令”是双音词，其中的“勒”读lè。此外，“弥勒”是佛教的菩萨之一，其中的“勒”读lè。

245 “嗯”应该怎么读

“嗯”是叹词，有三个读音。

一是读二声ńg，表示疑问。例如：

（1）嗯？你说什么？

（2）嗯？这是怎么回事？

二是读三声 ňg，表示不以为然和出乎意料。例如：

（3）嗯，没那么严重吧。（不以为然）

（4）嗯！你怎么还没走啊？（出乎意料）

三是读四声 ǹg，表示应诺。例如：

（5）嗯，就照你说的办吧。

（6）嗯。可以。

246 “腧”跟“膻”的读音

有人学习中医穴位的时候，碰到“腧”跟“膻”两个字，不知道读音和意思。

“腧”读 shù，指人体上的穴位。也写成“输”或“俞（shù）”，但一般写成“腧”。“输”的本义是“运送”，而“腧”有“输注”的含义（“穴”有“空隙”的意思，是经络、脏腑气血输注处）。“俞”字起源较早，金文中就有，本义是“挖空树做成船”。“腧”出现较晚，见于中古《广韵》。用于指穴位，“腧”比“俞”似更容易让人理解，故用“腧”来指穴位渐成主流用法。“俞”现在的常见用法是做姓氏，读 yú。“腧穴”除了用来统称人体上的穴位外，也特指背部的背腧穴或四肢的五腧穴。

“膻”有两个读音，一个是一声 shān，另一个是四声 dàn。

读一声 shān 时，是形容词，用来形容羊身上的臊（sāo）味。例如：

（1）羊肉饺子很好吃，一点儿膻味儿也没有。

（2）涮羊肉吃起来感觉不到一丁点儿膻味儿。

读四声 dàn 时，用于“膻中”一词。这是中医学的名词，指人体胸腹间横隔膜。“膻中”也是穴位名，此穴位于胸部正中。

“膻中”的“膻”不要写成“壇”。“壇”是“坛”的繁体字。“坛”在古代指举行大典的高台。后来也指用土堆成的用来种花的台。人们也用“坛”来表示某个领域，如“文坛”“体坛”。

247 “塑料”中“塑”的读音

“塑料”的“塑”读 sù，口语中有人读为 suò 或者 shuò，均是不规范的。在 1963 年的《普通话异读词三次审音总表初稿》中，“塑”字定音为 sù，所举的例子是“塑料”，同时说明“‘雕塑’的‘塑’也念 sù”。1985 年 12 月颁布的《普通话异读词审音表》中，“塑”被规定为统读 sù。

有人误读“塑”为 suò 或者 shuò，或许是受了偏旁“朔”的影响。就常见字而言，“朔”“搠”“槊”读 shuò，而“塑”“溯”读 sù。

248 “系”的两个读音

“系”有两个读音，一个是四声 xì，一个是四声 jì。

读 xì 时意思较多，常见的有：

1. 指“系统”。例如：

（1）这件事需要直系亲属签字。

（2）汉语属于汉藏语系。

2. 指高校中按学科划分的教学单位。例如“数学系”“中文系”。

3. 表“关联”。例如：

（3）成败系于此举。

4. 在文言中表示“拴”“绑”。例如“系马”（拴马）。

5. 指“挂念”。例如：

（4）他虽然在北京，仍心系这片黄土地。

（5）老王在国外已经住了许多年，但一直情系祖国。

6. 指“把捆好的东西或人提上来或送下去”。例如“把桶系到井下去”“把口袋系上来”。不过这种说法现在不多见了。

7. 相当于“是”。例如：

（6）他的祖父系山西人。

（7）这些事儿确系实情。

用“系”表示“是”的时候，有明显的书面语色彩。

在社会语文生活中，“系”读 jì 的时候，一般限于单说，用于口语，表示“打结”等。例如：

（8）把鞋带儿系好。

（9）绳子上系了把钥匙。

（10）请系好安全带。

（11）还是系个活扣儿吧，容易解开。

（12）你先系上围裙再炒菜。

成语“解铃系铃”（也说成“解铃还须系铃人”）中的“系”虽然有人读 jì，但还是按照工具书读 xì 比较合适（见《现代汉语词典》）。因为这个成语是从宋代流传下来的，带有文言色彩。

“系马”一词是文言词语，有两个意思。一个意思是指马厩内养的良马。例如：

（13）其畜散而无育，桓公与之系马三百。（《国语·齐语》）

（14）非其义也，非其道也，禄之以天下弗顾也，系马千驷弗视也。（《孟子·万章上》）

另一个意思是拴马。例如：

（15）投壶深竹里，系马古松间。（虞集《寄丁卯进士萨都剌天锡》）

（16）经由古寺，系马门外，暂憩止。（蒲松龄《聊斋志异·宦娘》）

文言词语“系马”的“系”宜读 xì。

有人问，“马脖子上系着一个铃铛”中的“系”怎么读。

“马脖子上系着一个铃铛”，是个口语化的句子。在这句口语色彩比较明显的句子里，单说“系”这个动词时，读 jì 比较合适。

“系”读 xì 表“拴”“绑”义时，有文言色彩，用于“系马”“系缚”等有文言色彩的词语中，用在“马脖子上系着一个铃铛”这句话里不合适。口语中单说“系”时一般读 jì，常表“打结”义，跟“拴着”的意思有些接近，按照口语中的习惯读法读成 jì 更符合口语实际。

249 “兴奋”的“兴”为何读一声，不读四声

“兴奋”的“兴”读一声 xīng，不读四声 xìng。

“兴奋”一般用来表示“振奋，激动”。表示这个意思的时候，“兴奋”一词是联合结构，“兴奋”由语素“兴”和语素“奋”构成。这里的“兴”是动词性的，表示“兴起，起来”的意思。语素“奋”也是动词性的，表示“振作，举起”的意思。两个动词性语素的意思相近，合起来共同表示“振奋，激动”。

“兴”读四声 xìng 时，不是动词性的，而是名词性的，且这个“兴”的意思是“兴致，兴趣”。下面例句中的“兴”都读四声 xìng，都是“兴致，兴趣”的意思：

（1）今天是你们大喜的日子，我来唱个歌给你们助兴。

（2）您的水墨画儿画得真不错，我以前不知道您还有这个雅兴。

（3）站在壶口瀑布旁，他一时诗兴大发，吟出一首自己刚创作的诗。

“兴”读四声 xìng 时，所表示的意思，跟“兴奋”不同，不能跟“奋”共同构成联合结构表示“振奋，激动”。故而《现代汉语词典》等工具书给“兴奋”的注音是 xīngfèn，而不是 xìngfèn。

另外，“兴奋”还是心理学上的一个词，指由于某种刺激，引起神经系统和某些器官活动的生理现象。这时，“兴奋”中的“兴”仍读 xīng。

250 “一食或尽粟一石”中的“石”怎么读

有人问，《马说》一文里“一食或尽粟一石”中的“石”怎么读。

《马说》是唐代文学家韩愈的一篇文章，原为韩愈所作《杂说》的第四篇。文中“一食或尽粟一石”的意思是“吃一顿有时能吃完一石粮食”。这里的“石”是容量单位，10 斗等于 1 石。表容量的“石”在现代汉语中读 dàn。

《现代汉语词典》在“石（dan）”下释义的括注中说“在古书中读 shí”。《新

华字典》里，对此字也在括注中说“此义在古书中读 shí”。这两处说明实际上是指出，“石”表容量单位时，在古音中读 shí。

我们现在读古诗文时，一般应倡导按照现在普通话的读音来读。这样读，也便于现在的人理解。例如成语“叶公好龙”中的“叶”，1937 年的《国语辞典》中注音为 shè，而现在的工具书一般注音为 yè。再如，“衣锦还乡”中的“衣”，《国语辞典》注音为 yì，而现在的工具书一般注音为 yī。按照现在的普通话来读古诗文、成语，是一种历史趋势。因此，宜将表示容量的“石”读作 dàn。

这其实是个观念的问题，对古诗文中的某些字，有人主张按古音来读，有人主张按现代音来读。后者似为一种主流观念。如果有人按照古音来读，我们不必纠正人家，但我们自己最好按照普通话的读音来读。

251 “荫”的读音问题

一位语文老师询问，“绿树成荫”中的“荫”字，为什么有的教材中写成“阴”。

这跟“荫”字读音规范的调整有关。

在《普通话异读词审音表》（1985 年 12 月修订）中，“荫”字被规定统读四声 yìn，该规范还特别提示，应当写“树阴”“林阴道”，即不宜写“树荫”“林荫道”。

这么一来，“荫”字就不读一声 yīn 了。“荫”只有四声“yìn”一个读音，自然“树阴”“林阴道”“绿树成阴”等词语中，都只能用读一声 yīn 的“阴”而不能用读四声 yìn 的“荫”了。

表示“树木枝叶在日光下所形成的阴影”这个意思时，写成“树荫”似乎更妥当。自古以来，人们常用“荫”字来表示这个意思。例如：

（1）一蝉方得美荫而忘其身。（《庄子·山木》）

（2）树成荫而众鸟息焉。（《荀子·劝学》）

（3）擢本千寻，垂荫万亩。（左思《吴都赋》）

“荫”字有草字头，也易于使人们知道，是指树木在日光下造成的阴影，合于用字的社会心理习惯。在社会上影响甚大的《现代汉语词典》第 5 版、第 6 版里，仍有“绿荫”“树荫”“林荫道”“绿树成荫”等写法。

2013 年 6 月，国务院正式发布了《通用规范汉字表》。为了配合这个字表的实施，教育部语言文字信息管理司委托商务印书馆辞书研究中心编辑出版了《通用规范汉字字典》。在这本字典中，“荫”字恢复了一声 yīn 的读法，“荫”字的第一个义项就是“树荫”，所举出的例子有“绿荫”“绿树成荫”。因此，根据《通用规范汉字字典》对国家正式颁布的汉字规范的阐释，宜写“绿树成荫”，不宜写“绿树成阴”。

252 “杂兴”的“兴”怎么读

有人问，《四时田园杂兴》中的“兴”读一声 xīng，还是读四声 xìng。

《汉语大词典》收有“杂兴”一词，根据该词典的注音，“杂兴”的“兴”读四声 xìng。“杂兴”的“兴”可以理解为“兴致，情趣”。“雅兴”“诗兴大发”中的“兴”也是这个意思。“杂兴”的意思是“有感而发，随事吟咏的诗篇”。唐、宋都有以“杂兴”为题的诗篇。如：唐代李颀的《杂兴》、唐代储光羲的《田家杂兴》、唐代王昌龄的《杂兴》以及宋代范成大的《四时田园杂兴》等。

253 “爪”在“鹰爪”和“鸡爪”中为什么读音不一致

有人问，“鹰爪（zhǎo）”和“鸡爪（zhuǎ）”这两个词中“爪”字的读音为什么不一致。

“爪”是个文白异读字。在成语及具有书面语色彩的词语中，一般要文读，读成 zhǎo。例如：

（1）你别张牙舞爪的，我们不怕你。

（2）游击队决定迅速出击，去斩断鬼子的魔爪。

（3）这些旧材料虽然珍贵，但多是一鳞半爪的零散的东西，很难形成有系统的资料。

（4）又如《往事》，那都是我心版上深印的雪泥鸿爪，值得纪念，不记下可惜。

（5）鹰爪长而锐利，老鹰用它来抓获小动物。

在具有口语色彩的词语中，“爪”则一般要白读，读成 zhuǎ。例如：

（6）这些鸡在山坡上跑，鸡爪儿上都粘着沙土。

（7）笼子上的格子很密，猫爪子伸不进来，小刘放心地上班去了。

（8）她对丈夫开玩笑地说：“把你那狗爪子洗干净再吃饭。”

（9）老张发现小猪的猪爪儿上有一道伤疤，或许是上周它往圈外跳的时候划伤了留下的。

（10）小白耗子的爪儿很小，同学们观察它们的活动时，几乎没注意到小爪儿的样子。

（11）这个新买的锅有三个爪儿，倒是挺稳当的。

从上面的例子可以看出，（6）至（11）中，这类带“子”“儿”词缀的有“爪”的词语，口语色彩很明显，因此多读 zhuǎ。当然，如果有“儿”后缀时，读“爪”的时候，要发生儿化音变，读成儿化词。

254 这两处“着”怎么读

《灯光》一课说：“他又划着一根火柴。”其中的“着”有人读“zhe”，也有人读“zháo”。《买火柴的小女孩》中“她又擦着了一根火柴”中的“着”读“zháo”。一位老师问，两处“着”的读音是否相同。

“着”字表示“燃烧”的意思时，读 zháo。例如：

（1）那边有人喊：“着火了！”许多人跑过去救火。

（2）他们俩折腾了半天，炉子终于点着了，屋子里渐渐暖和起来。

（3）联络员老李划着了一根火柴，把信烧掉了。

（4）一个烟头就可能引着一片树林，因此到林区是绝对不能抽烟的。

（5）这火刚才还着着（zhe），现在好像灭了。

因此，“他又划着一根火柴”“她又擦着了一根火柴”中的“着”应读 zháo。

如果“着”表示动作的持续，则读轻声 zhe。例如：

（6）小李打着一面红旗，走在队伍的前面。

（7）关于这个问题，他们俩正谈着呢。

归结起来，如果“着”表示动作的持续，要读 zhe，如果表示“燃烧”的意思，要读 zháo。请比较下面句子里两个“着”的读音：

（8）老王一边用右手划着（zhe）火柴，一边说：“怎么老划不着（zháo）？火柴可能受潮了。”

前一个“着”表示动作持续，所以读 zhe，后一个“着”表示“燃烧”，所以读 zháo。

255 “中听”怎么读

有人问，《延安》一文中有这样一句话：“雾气里，牲口的铃铛声怪中听地响着，报告一天劳动的开始。”句中“怪中听”的“中”读一声还是四声。

表示听着满意或者听着舒服的意思，人们常用“中听”来表示。其中的“中”读一声 zhōng。例如：

（1）这话中听，就按你说的办吧。

（2）老王说的话让老李觉得很中听，就采纳了老王的意见。

（3）小刘觉得他的话实在不中听，便站起来走了。

从上面的例子可以看出来，“中听”所关涉的是别人说出的话，意思是对别人说的话很满意，觉得很舒服。这是《现代汉语词典》等工具书中对“中听”的诠释。

《延安》里说的“中听”是指对铃铛的声音觉得很顺耳，很舒服。词语在社会语言生活中的用法有时比较灵活，有时使用的范围稍有扩展。因此，“中听”的这种用法也是可以的。这时“中听”也宜按照一般的读法来读，其中的“中”读一声。

此外，“中”也有四声 zhòng 的读音，读四声 zhòng 时表示“正对上”或“受到”的意思，例如“打中”“中毒”中的“中”读四声。

256 “转过街角”中“转”的读音

有位老师问，《窃读记》中“转过街角”的“转”是读三声还是四声。

“转”读三声 zhuǎn 的时候，可表示改变方向。例如：

（1）老李转过身来说：“咱们出发吧。”

（2）到十字路口先向左转，走一会儿再向右转就到了。

（3）看到这种情况，船便调转船头，向东驶去。

（4）发现销售情况不好，老刘于是转做其他生意。

“转”读四声 zhuàn 的时候，可表示绕着某个中心旋转。例如：

（5）他骑上自行车脚用力蹬，车轮飞转，一会儿就到学校了。

（6）地球绕着太阳转。

（7）风大了，风车转得很快。

（8）那是个转门，带孩子进去要小心。

“转过街角”是说改变方向走过了街角。其中的“转”的读音跟例（1）至（4）相同，读成三声 zhuǎn。

257 “转朱阁，低绮户”中的“绮”怎么读

苏东坡《水调歌头》中说：“转朱阁，低绮户，照无眠。”其中的“绮”，有人读 qǐ，有人读 yǐ。怎样读才正确呢？

在 1985 年颁布的《普通话异读词审音表》中，“绮”被规定为统读 qǐ，在 2013 年出版的《通用规范汉字字典》中，“绮”只有一个读音，即 qǐ。

《古汉语常用词词典》（语文出版社，2006 年）中，有“绮户”这一词条，释义为“彩绘雕花的门”。该词条引用了苏东坡《水调歌头》中的“转朱阁，低绮户，照无眠”。“绮户”词条在“绮（qǐ）”字头之下，可见该词典认为“低绮户”中的“绮”读 qǐ。

在《汉语大字典》中，“绮”字表示“华丽”等意思时均读 qǐ。该字典同时说明，“绮”字只在一种情况下读 yǐ，这就是“人名用字”。并举出《庄子》有“士成绮（yǐ）”这个人名。

因此，“转朱阁，低绮户，照无眠”中的“绮”读 qǐ，不读 yǐ 或 qí。

258 “撮”在“一撮头发”中读 zuǒ

“撮”有动词和量词两种用法。

“撮”做动词时读 cuō，常见用法有：

1. 表“聚合”。例如：

（1）他俩的婚事是姨妈撮合成的。

2. 表用簸箕等收集东西。例如：

（2）刮了阵风以后，王大婶在院子里撮了一簸箕树叶。

（3）你把这点儿土撮走。

3. 表用手指捏起。例如：

（4）他用手指撮了一点儿盐。

这种说法多见于吴方言。

4. 表摘取（要点）。例如：

（5）这篇文章很长，撮其要旨，发现文章主要是强调必须加快自主创新。

（6）请把近几个月的工作情况撮要报告。

5. 表吃或大吃。例如：

（7）咱俩今天到东来顺撮一顿涮羊肉吧。

（8）忙了这么多天，任务完成了，主任得请咱们撮一顿吧？

这种说法多见于北京话。

“撮”做量词时有两个读音，一个是读 cuō，常见用法有：

1. 用于若干可用手或工具撮取的东西。例如：

（9）桌子上撒了一撮盐。

2. 用于数量少的坏人，前面常加“小”，数词限于“一”，含有蔑视意味。例如：

（10）一小撮歹徒破坏不了安定团结的大好局面。

（11）这是一小撮坏人在恶意煽动，大家千万别上当。

“撮”做量词时的另一个读音是 zuǒ，用于成丛的少量毛发。口语中常儿化。例如：

（12）她头顶右边有一撮儿头发是黄的。

（13）老李下巴上有撮儿山羊胡子。

归纳起来，不管是动词用法还是量词用法，“撮”只在表示“少量毛发”的意思时读 zuǒ，表示其他意思时都读 cuō。

259 曾参、曹参、岑参三个古人名字中“参”的读法

曾参是春秋末期鲁国人，是孔子学生，以孝著称，曾提出“吾日三省吾身”（见《论语·学而》）的修身方法。

曹参是西汉初大臣。随刘邦起义，屡立战功，被封为平阳侯。汉惠帝二年，继萧何为丞相，一仍旧贯，被称为“萧规曹随”。

岑参是唐代边塞诗人。

曾参、曹参、岑参三个人名字中的“参”，该读 cān 还是读 shēn 呢？

在《辞海》第 6 版中，这三个人的名字虽然没有注音，但是从该辞书中这三个人名编排的位置来看，其中的“参”的声母都是翘舌音，而不是平舌音。也就是说，《辞海》认为，这三个人名字中的“参”应读 shēn。

另外，国家语言文字工作委员会发布的中国语言生活绿皮书 A004《汉语拼音词汇专名部分（草案）》（上海辞书出版社，2015 年）中，这三个人名字的汉语拼音的拼写分别为：

曾参　Zēng Shēn　人名

曹参　Cáo Shēn　人名

岑参　Cén Shēn　人名

因此，应将这三个古人名字中的“参”读为翘舌音 shēn。

标点用法指误

260 避免引文句末点号放错位置

引文的句末点号放错位置，是现在比较常见的一种标点符号错用的现象。例如：

（1）是施一公的宽慰让欲哭无泪的她重燃斗志，“科学研究从无坦途，那么多科学家苦苦较劲的世界级难题，哪能随便成功？”

（2）谈及师资队伍建设，王济干认为，“上好课是教师最基本的任务，现在很多青年教师为了评职称，整天忙着写论文、发论文，上课随便应付，下课不见人影，这样的教师论文再多，我们也不会重用。”

（3）他常常对子孙们说，“肛肠科的发展，不是关乎你们个人的事业，而是关乎整个中医的前途和命运。”

（4）外国记者的提问让陈健陷入沉思，“他的话虽然尖刻，但却不无道理，给我很大启示，艺术家有义务表现自己所处的时代。”

（5）他说现在到了调整农业结构的时候了，我们不能再踟蹰不前，“如果农业出了大问题，谁也救不了我们！”

（6）孔子文化研究院院长马士远说，“这些人都不同程度地受益于曲师大的治学之风，使儒学薪火相传。”

这几个例子是笔者读报时随手摘录的，这类例子在当下的书报刊上，十分常见。这些例子的共同之处是，在直接引语前用了逗号，而直接引语末尾的点号却放在了引号内。这样，就造成了整个句子缺少句末点号。

改正的办法有两种，一种是将直接引语前的逗号改为冒号。这样直接引语末尾的点号放在引号内就合理了。另一种办法是将直接引语末尾的点号放在引号外，即放在后引号之后。这样，整个句子就有句末点号了。

至于采用哪种方法合适，要从句子本身出发来确定，也就是说要有利于句子表达的顺畅、自然（话语人称的和谐等）。如例（2）中，宜将句末点号放在引号之后，而（3）中则宜在“说”后加冒号，句末点号仍放在引号之内。

261 词牌名跟题目之间怎样标示才规范

某教材中有《水调歌头·中秋》，另一教材中有《清平乐村居》。一位老师问，词牌名跟题目之间怎样标示才规范。

根据《标点符号用法》的规定，在词牌名和题名之间，要用间隔号。例如：

（1）我刚才读了毛主席的《沁园春·雪》。

（2）陆游的《卜算子·咏梅》我十分喜欢读。

（3）马致远写的《天净沙·秋思》意境悠远，耐人寻味。

因此，《水调歌头·中秋》是规范的写法，而《清平乐村居》是不规范的写法，应写成《清平乐·村居》。

262 单独的省略号算不算一个自然段

有位老师问，《老人与海鸥》第17自然段后，一个单独的省略号单列一行。这个单独的省略号算不算一个自然段。

单独占据一行的省略号宜算一个自然段。在文章中，每个空两字另起一行的语言片段，都是一个自然段。自然段有时占据一行，有时占据多行。

263 第二个破折号的作用

有人问，“为使我的伙伴——即使是最亲密的伙伴——能听懂我的话，我夜以继日地努力……”中有两个破折号，第二个破折号作用是什么？

这个例子的两个破折号之间的话语，是一种补充说明，或者说是解说性话语。在句子中间，出现解说性话语的时候，要在其前面加上破折号。在它的后面，也可以加破折号，这时解说性话语的前后，都出现了破折号，可以称之为双破折号。

在解说性话语的后面，除了加破折号，也可以加逗号。不论是加破折号还是加逗号，作用都是把解说部分跟其后的话语分隔开，使得读者更容易看清楚解说性话语的结尾。当然，如果解说性话语出现在句末，只在前面加破折号就可以了。

另外，句子中插入语的前后，可用逗号，也可用双破折号。例如：

（1）这个问题，依我看来，是个非常重要的问题。

（2）这简直就是——说得不客气点——是犯罪行为。

例（1）的插入语“依我看来”前后用了逗号，例（2）的插入语“说得不客气点”前后用了破折号，这两种标示方法都是可以的。

264 “冬雪春花……等等”的说法不妥

某媒体中说“云海群峰，朝霞夕照，冬雪春花……等等”。这种说法不妥。

《标点符号用法》（2011年）规定：省略号和“等”“等等”“什么的”等词语不能同时使用。该规范所举的误用的例子是：“含有铁质的食物有猪肝、大豆、油菜、菠菜……等。”

《〈标点符号用法〉解读》对此进一步作了说明：大多数情况下，“等”或“等等”表示列举未尽，其功能与省略号相当；也正因为在此意义上二者功能相当，所以从经济角度出发，“等”或“等等”与省略号不能共现。

因此，“云海群峰，朝霞夕照，冬雪春花……等等”宜改成“云海群峰，朝霞夕照，冬雪春花……”，或“云海群峰，朝霞夕照，冬雪春花，等等”。

265 故事名要不要加书名号

有人问，故事名要不要加书名号。

书名号标示书名、卷名、篇名、刊物名、报纸名、文件名等。也用来标示电影、电视作品、音乐作品、诗歌、雕塑等的名称。这就是说，书名号是用来标示文化作品名称的。加了书名号之后，就使得读者立即把作品名称跟叙述的话语区分开来了。

如果是一篇文字作品的名称，加书名号。如果只是用来指某段故事情节，如“武松打虎”“杨志卖刀”“鲁智深倒拔垂杨柳”等，则不加书名号，为凸显故事名称，可加引号。

266 连续设问的句子之间不宜用分号

某教科书中有这样的句子：“是谁来呼风唤雨呢？当然是人类；靠什么呼风唤雨呢？靠的是现代科学技术。”其中分号的用法是否妥当呢？

分号是句内点号，只能用于句内。常见的用法是用于并列关系的分句之间。例如：

（1）语言文字的学习，就理解方面说，是得到一种知识；就运用方面说，是养成一种习惯。

“是谁来呼风唤雨呢？当然是人类；靠什么呼风唤雨呢？靠的是现代科学技术”这句话是连续设问，也就是说，是连续的两个自问自答。在第一个“自答”后宜用句号。即改为：

（2）是谁来呼风唤雨呢？当然是人类。靠什么呼风唤雨呢？靠的是现代科学技术。

类似的分号的误用，还表现在分项列举的各项中有一项或多项包含句号时，各项末尾使用了分号。例如：

（3）该县先后建立起五大农业生产体系：一是建立甘蔗生产服务体系。

新成立的糖业服务公司，给农民提供机耕、种苗、贷款、推广新技术以及收购等服务；二是建立蚕桑生产服务体系……；三是建立热带作物服务体系……；四是……

再举个跟（2）相同的例子：

（4）是从天上掉下来的吗？不是。是自己头脑里固有的吗？不是。（毛泽东《人的正确思想是从哪里来的？》）

当然，如果将意思进行一定调整，“呼风唤雨”后用逗号，“人类”后的分号就可以成立了，例如：

（5）我们知道是谁来呼风唤雨的，当然是人类；我们也知道靠什么呼风唤雨，靠的是现代科学技术。

另外，当带分号的复句充当句子的宾语时，宜注意在提示语之后、宾语之前使用冒号。例如：

（6）几十年来的经验说明：整个国家不改革，没有出路；各地区不改革，不能发展。

267 联合关系的词语之间要不要加顿号

有人问，联合关系的词语之间要不要加顿号。这要看这种联合关系组成的词组是不是常见，是不是人们熟悉的，一望而知的。例如“中小学”“中青年”“改革开放”“调查研究”等说法中，联合成分大家已经熟悉，一望而知，联合成分之间就不必加顿号了。而临时组合的某种联合关系则宜加顿号。例如“筛选、抄录了几段”“完成了清洗、储存的工作”，其中联合成分之间加顿号是必要的。

268 “0：47：167”应写成“0 ∶ 47 ∶ 167”

某媒体中说：“克莱因蓝，RGB（红、绿、蓝三色）比值0：47：167，一种‘配方’明确的颜色。”其中三个数字之间的冒号用得不妥。

“0：47：167”中，三个数字之间的两点，是标点符号中的冒号，而这里所要表示的，是比值。表示比值，宜用数学符号中的比号。冒号跟比号不同，冒号居于偏下的位置，而比号则是上下居中的。因此“0：47：167”中的冒号应改成比号，写成“0 ∶ 47 ∶ 167”。

269 拟声词为什么有的加引号有的不加

有位老师问，某教材《李广射虎》中的“嗖”加了引号，而《雪儿》中的“咕咕”同样是拟声词，为什么不加引号。

的确，我们在书面语上看到，有的拟声词加引号，有的不加。就一篇文章、一本书而言，拟声词是否加引号应一致。

当然，一本教科书中也宜一致。不过，语文教材里的课文，是不同作者写的，而不同的作者对拟声词是否加引号，往往有不同习惯。因此有的课文加引号，有的不加。编者为了让文章保持原貌，故对此未作统一处理。这也是可以理解的，可以对学生说明这一点。

270 全称有书名号，简称也应加书名号

某媒体中说：“《全上古三代秦汉三国六朝文》简称为‘全文’，《全汉三国晋南北朝诗》简称为‘全诗’，《汉书·艺文志》简称为‘汉志’，《隋书·经籍志》简称为‘隋志’。”其中对简称所加的引号不妥。

2011年颁布的《标点符号用法》中规定，书名号的用法之一是“标示作品名的简称”，所举的例子是：

我读了《念青唐古拉山脉纪行》一文（以下简称《念》），收获很大。

下面再举几个例子：

（1）我们再次学习了《全国农村工作会议纪要》（以下简称《纪要》），进一步明确了《纪要》的精神。

（2）他们仔细观看了《植物生理学系列挂图》（以下简称《挂图》），得到许多新的知识。

（3）我昨天购买了一本《中国历代服饰研究》（以下简称《研究》），觉得这是一本很有参考价值的书。

从上面的例子可以看出，当全称有书名号时，其简称也应加上书名号，而不应加引号。因此上面那段话应写成：“《全上古三代秦汉三国六朝文》简称为《全文》，《全汉三国晋南北朝诗》简称为《全诗》，《汉书·艺文志》简称为《汉志》，《隋书·经籍志》简称为《隋志》。”

271 省略号前后可否有问号

有位老师问，《但愿人长久》中“无情的月亮啊，你为什么偏偏在别人分离的时候变得这么圆、这么亮呢？……”这句话里，省略号的前面出现了问号，此用法是否妥当。

原先，1995年颁布的《标点符号用法》给省略号所举的三个例子中，省略号的前后是不加点号的。受这种做法的影响，从那时开始，书报刊上的省略号前后一般都不加点号了。这种做法一直影响到现在。因此人们看到省略号之前有点号，会觉得有些别扭。

2011年颁布的《标点符号用法》给省略号举的例子中，在省略号的前后，出现了点号：

示例1：在人迹罕至的深山密林里，假如突然看见一缕炊烟，……

示例 2：你这样干，未免太……！

在“示例 1”中，省略号前面出现了逗号，在“示例 2”中，省略号后面出现了叹号。

就省略号的前面而言，在两种情况下，省略号的前面是可以加点号的。

一种情况是，不加点号就显示不出句子的结构关系。例如：

（1）我们党内的主观主义有两种：一种是教条主义，一种是经验主义。……但是在这两种主观主义中，现在在我们党内还是教条主义更为严重。

在（1）中，如果在省略号的前面不加句号，读者就不能很清楚地看出，“经验主义”是句子的结尾，也不容易看出，从省略号开始的，是另起的一句。

另一种情况是，省略号前面的句子用了叹号或者问号。例如：

（2）你对俺梁家的好处，我感激不尽！……

（3）你跟我说说，情况怎么样？……

在（2）中，如果去掉省略号前面的叹号，前一句的强烈语气就表现不出来。在（3）中，如果去掉省略号前面的问号，前一句的疑问语气就表现不出来。

因此，课文中“变得这么圆、这么亮呢？……”这句话里省略号前面出现问号是正确的。

272 “40—70 岁”宜写成“40 ～ 70 岁”

某媒体中说：“我们皮影团团员年龄大多在40—70岁之间……”其中的“—”用得不妥。

根据 2011 年颁布的《标点符号用法》的示例，现在一般表示时间、地域起止用一字线。例如：

（1）鲁迅（1881—1936），中国现代文学家，思想家，革命家。

（2）2014 年 11 月 8 日—12 日展出。

（3）到北京西站乘坐北京—西安的高铁，5 个小时就抵达西安。

而表示数值范围，一般用浪纹线。例如：

（4）大约 30 ~ 35 天可完成加工任务。

（5）这筐栗子大约有 50 ~ 60 斤吧。

（6）老师要求 5 ~ 8 课的课文都要会背。

因此，“40—70 岁之间”宜写成“40 ~ 70 岁之间”。

273 “文革”“文化大革命”宜加引号

某媒体中说：“文革刚结束，瞿弦和收到了朗诵郭小川诗作《团泊洼的秋天》的邀约。”其中的“文革”宜加引号。

“文革”是“文化大革命”的简称，而“文化大革命”并不是一场文化方面的“大革命”，而是一场早已被否定的错误的政治运动，因此“文革”宜加引号。这已经是社会的通行做法。

274 “‘雪龙’号船”应改为“‘雪龙号’船”

某媒体中说：“部署‘雪龙’号船前往疑似海域搜寻马航失联客机碎片。”这句话中的“‘雪龙’号船”的标点用得不妥。

教育部语言文字信息管理司组织编写的《〈标点符号用法〉解读》对 2011 年颁布的《标点符号用法》进行了许多阐释。其中说：“火车、飞机、轮船、航天器等运载工具的名称加引号时要把‘号’字放在引号内。”该《解读》还举出示例：

（1）“天宫一号”是中国第一个目标飞行器和空间实验室，于 2011 年 9 月 29 日晚 21 时 16 分，在酒泉卫星发射中心发射。

（2）“克莱蒙特号”轮船是世界上最早出现的蒸汽机轮船，是现代轮船的鼻祖。1807 年，“克莱蒙特号”在美国哈德逊河上试航成功，它以每小时 6.4 公里的速度航行了 91.4 公里。

“‘雪龙’号船”把“号”放在了引号之外，显然不符合《解读》所说的规定，因此应改为“‘雪龙号’船”。

275 应避免套用冒号

在行文中应该尽量避免套用冒号。在一句话里的同一个语言层次中，如果套用冒号，会使得语言结构的层次不清晰。例如：

（1）当地负责人向记者介绍：卫生部门规定：这类食品必须经过有关部门的严格检验才能上市。

（2）我们发展这项事业要分三步走：第一步：全面调查现状；第二步：先在个别地方进行试验，然后逐步扩大试验范围；第三步：全面铺开。

为避免套用冒号，（1）中的第一个冒号可以改为逗号，（2）中的第一个冒号可以改为句号。当然，也可以改变说法来避免冒号的套用。

在列举式或条文式表述中，如果不得不套用冒号，可以另起一行，用分行的办法显示不同的语言层次。例如：

（3）科学研究中的某些重大成果，几乎是不同的科学家同时获得的。例如：

进化论：达尔文、华莱士。

相对论：爱因斯坦、彭加勒。

有时候，在直接引语中又有直接引语，于是出现了相隔不远的两个冒号。例如：

（4）老王说：“古人说得好：‘良言一句三冬暖，恶语伤人六月寒。’咱们劝说时也要注意态度，不要伤人。”

（5）李老师笑道：“《岳阳楼记》中说：‘不以物喜，不以己悲。’这话很有启发性。”

（4）至（5）中虽然各有两个冒号，但已经用句号、双引号、单引号分出不同的层次，不影响阅读，所以是正确的用法，不算套用冒号。

276 这几句话的标点恰当吗

《翠鸟》中说："它的颜色非常鲜艳。头上的羽毛像橄榄色的头巾，绣满了翠绿色的花纹。背上的羽毛像浅绿色的外衣。腹部的羽毛像赤褐色的衬衫。"有位老师问，如果在第一句后用冒号，此后在说明头上、背上颜色的短语后用分号，最后的短语后用句号，是否更恰当。

的确，这段话的标点可改为："它的颜色非常鲜艳：头上的羽毛像橄榄色的头巾，绣满了翠绿色的花纹；背上的羽毛像浅绿色的外衣；腹部的羽毛像赤褐色的衬衫。"这样一来，这个句子的总说和分说都十分清楚地显现出来了，读者也能一下子看清楚这个句子是个先总说后分说的复句。分句的结合也显得比较紧密。但是，文章里那样一句一句交代，读者也能清楚地了解这种鸟的颜色，并没有感觉什么别扭的地方。因此，其中的标点也不能算错。从语气上来说，似乎更舒缓一些。有时候，标点的使用没有绝对的正误，而是在表达某个主观意思、情感时，看哪种做法更合适一些。

数字用法析疑

277 “200千米”的写法正确还是“一千一百多米”的写法正确

有位老师问，课文中说“铁路长200千米”，其后又说“隧道长一千一百多米”。两处数字的写法，哪种正确？

两处的数字单独看，写法都是正确的。但是放在一篇课文中就不妥当了。在一篇课文中，应当遵循局部体例一致的原则，或者都使用阿拉伯数字，或者都使用汉字数字，而不宜将阿拉伯数字跟汉字数字混用。就这篇课文而言，或许都使用阿拉伯数字更好些，因为“一千一百多米”中，汉字数字显得稍长。

278 “三、五厘米”应改为“三五厘米”

某媒体中说：“她用双手捧起纸页，凑到离眼睛三、五厘米处吃力地阅看。”其中“三、五厘米”写法不妥。

2011年颁布的《出版物上数字用法》规定，数字连用表示概数时，数字中间不加顿号。所举的例子有“三四个月、一二十个、四十五六岁、五六万套”等。

与此同理，相隔的数字连用表示概数时，也不应加顿号。例如：

（1）我这次去开会，大约需要三五天时间。

如果加上顿号就成为定指而不是表概数了。例如：

（2）这篇小说的三、五两节比较精彩，你可以读一下。

因此，“凑到离眼睛三、五厘米处”应改为“凑到离眼睛三五厘米处”。

279 竖排文字中的字母和数字

某媒体文章中，有一幅插图，其说明文字是竖排的。竖排的文字是“X 光照射下可以看到癌细胞在胸腔骨上留下的痕迹”。其中的“X”被按照顺时针方向旋转了 90 度。这种做法不妥。

的确，当两个以上的字母或者字母跟阿拉伯数字连在一起时，如果改为竖排的文字，应该按照顺时针方向旋转 90 度，也就是从“头”朝上、“脚”朝下改为“头”朝右，“脚”朝左。例如，“雪花牌 BCDI188 型家用电冰箱容量是 188 升”这句话改为竖排时，其中的“BCDI188”要按照顺时针方向旋转 90 度，改为“头”朝右，“脚”朝左。但是，只有一个独立的字母的句子，改为竖排时，其中的字母是不用按照顺时针方向旋转 90 度的。对此，《〈出版物上数字用法〉解读》（语文出版社，2012 年）中举例说：“单独的英文字母‘A’在竖排文章中出现时，如果不是跟阿拉伯数字连用，就并不需要按照顺时针方向旋转 90 度。”因此，“X 光照射下”中的“X”不必按照顺时针方向旋转 90 度。

此外，《〈出版物上数字用法〉解读》还特别指出：“总的来说，竖排文章中除非特别必要，数字应采用汉字数字形式。”这样做的好处是，数字不用按照顺时针方向旋转 90 度了，读者视读起来十分方便。例如上文中提到的“雪花牌 BCDI188 型家用电冰箱容量是 188 升”改为竖排后，其中的“188 升”宜写成“一百八十八升”。

汉语拼音问题解惑

280 “汉语课”的汉语拼音字母应分写还是连写

有人问，“汉语课”的汉语拼音字母是应该将“汉语”跟“课”的拼音字母连起来，写成 hànyǔkè，还是应该将二者分开，写成 Hànyǔ kè。

名词性的偏正结构，如果修饰性成分是由两个字构成的，中心语是由一个字充当的，应当连写。例如：

（1）太阳能 tàiyángnéng

（2）日光灯 rìguāngdēng

（3）数学题 shùxuétí

（4）花生糖 huāshēngtáng

（5）鸡尾酒 jīwěijiǔ

（6）吉普车 jípǔchē

因此，“汉语课”的汉语拼音字母应写成 hànyǔkè。另外，如果修饰语是一个字、三个字、四个字，中心语是一个字，仍连写。例如：

（7）牛肉 niúròu

（8）布鞋 bùxié

（9）天文学书 tiānwénxuéshū

（10）巧克力糖 qiǎokèlìtáng

（11）哀的美敦书 āidìměidūnshū

需要指出的是，“汉语”是个专有名词，因此“汉语”的首字母要大写，写成 Hànyǔ。而“汉语课”是一般词语，如同“语文课”“英语课”“体育课”一样，因此“汉语课”的首字母要小写，写成 hànyǔkè。如果“汉语课”作为书、报、刊的名称，就成了专有名词，首字母应大写，写成《Hànyǔkè》。当然，也可以全部大写，写时可以标调，也可以不标调。

281 汉语拼音的标调法

给汉语拼音的音节标调有三种方法。

第一种是数字标调法。这种方法是用阿拉伯数字1、2、3、4来给阴平、阳平、上声、去声标调（还可以用5来表示入声）。曾广为流行的威妥玛方案就采用数字标调法。2012年颁布的《汉语拼音正词法基本规则》规定："除了《汉语拼音方案》规定的符号标调法外，在技术处理上，也可采用数字、字母等标明声调。"现在通常用1、2、3、4、0分别表示一声、二声、三声、四声和轻声。标调数字在音节里的位置有两种：（1）放在主要元音后面，如gua1n（观）、xio2ng（雄）；（2）放在音节末尾，如guan1（观）、xiong2（雄）。具体采用哪种方式，可根据需要来确定。数字标调法现在仅用于特殊领域。

第二种是字母标调法。1928年公布的《国语罗马字拼音法式》（人们常简称为《国语罗马字》或《国罗》）是我国第一个法定的拉丁字母拼音方案。该方案即采用字母标调法，但其方法复杂难学。《〈汉语拼音正词法基本规则〉解读》（语文出版社，2013年）指出，现在运用汉语拼音拼写时，有个运用字母标调法的特例，就是为了区分拼写的"山西"和"陕西"，规定将"陕西"的"陕"的主要元音双写成aa，将"陕西"拼写成Shaanxi。这样就跟Shanxi（山西）区分开来了。这个采用字母标调法的特例得到了中国地名委员会的认可（见《汉语拼音地图集》，中国地图出版社，1978年），并得到应用。例如《陕西日报》拼写为Shaanxi Ribao。

第三种是符号标调法。意大利人利玛窦设计的最早的汉语拼音方案即采用了符号标调法，后来，法国人金尼阁的方案也采用了符号标调法。1918年公布的注音字母（后改称"注音符号"）也采用了符号标调法。《汉语拼音方案》采用了注音符号1922年调整之后的标调符号，但有一点不同，《汉语拼音方案》去掉了轻声符号，而采用了轻声音节不标调的做法。注音符号的上声调号左短右长，呈锐角，像个对钩，《汉语拼音方案》的上声调号调整为左右长度相等，这一细微的调整是为了美观。

符号标调法能够在指出调类的同时还简单地标示出调值的特征。调号标示在主要元音上，表明声调主要是由主要元音的变化构成的。符号标调法不改变音节的拼写形式，不延长音节拼写，且经过语文教学的长期使用，证明在拼写实践中是可行的。因此，《汉语拼音方案》采用了符号标调法。

2012 年颁布的《汉语拼音正词法基本规则》规定："在某些场合，专有名词的拼写，也可以不标调。"就当下的社会语文生活而言，这些专有名词，主要是人名、地名、书名、报刊名，以及标语、提示语等。例如：

（1）Li Hua（李华）（人名）

（2）Beijing（北京）（地名）

（3）CHUNTIAN DE GUSHI（《春天的故事》）（书名）

（4）RENMIN RIBAO（《人民日报》）（报名）

（5）MISHU GONGZUO（《秘书工作》）（刊名）

（6）QING JIANG PUTONGHUA（请讲普通话）（标语）

（7）SUISHOU GUANMEN（随手关门）（提示语）

282《汉语拼音方案》规定的两种隔音方法

在各种拼音文字中，怎样隔音，并无一定之规。有的用专门的字母隔音，例如俄文字母 ъ 是专门用来隔音的。用来隔音的符号，也是各式各样的。

《汉语拼音方案》规定了两种隔音方法。

一种是用隔音符号"'"来分隔音节的界限。元音字母 a、o、e 处于音节的开头时，如果前面还有字母，就用隔音符号"'"隔开。例如下面几个词语的注音：

pí'ǎo（皮袄）fāng'àn（方案）jī'è（饥饿）

20 世纪 30 年代的北方话拉丁化新文字是用"'"来隔音的。《汉语拼音方案》的隔音符号与此相同，或者说《汉语拼音方案》继承了"北拉"这个使用比较成功的隔音符号。也有用"-"来隔音的，这是国际通用的表示"联合而又分开"的符号，国语罗马字跟苏联的东干族拼音文字也用"-"来隔音。虽然用"-"

做隔音符号会显得很清楚，但是，“ - ”在汉语拼音分词连写的拼写中还有其他“任务”，例如用来标示前缀、并列等连写中的各种关系。《汉语拼音方案》采用“ ’ ”做隔音符号，就避免了“ - ”的负担过重，这一选择是有道理的。

有人或许觉得在拼音字母中夹杂许多“ ’ ”不美观。其实隔音符号只用于 ɑ、o、e 居首的音节，而 ɑ、o、e 居首的音节约相当于 i、u、ü 居首的音节的七分之一，非常少，因而用“ ’ ”的机会并不多，不影响书面上的美观。当然，隔音符号“ ’ ”在不发生音节混淆的情况下可以省略，但从便于阅读的角度来说，不宜省略隔音符号，这也是目前比较普遍的做法。

第二种隔音方法是用隔音字母 y、w 来分隔音节的界限。即齐、合、撮韵母开头写成 y、w、yu。y、w 从发音的角度说，代表的是半元音，就其在韵母结构中的地位来说是韵头，就其隔音作用来说，是隔音字母。《汉语拼音方案》调整了“北拉”只在多音词中变换字母隔音的做法，i、u、ü 处于音节开头时一概变换字母，这样不仅规律单一清晰，且易学易用。

283 汉语拼音字母的体式和字体

汉语拼音字母有四种体式，这就是印刷体的大写、小写和手写体的大写、小写。因此，《小学汉语拼音教学问答》（文字改革出版社，1973 年）中说：“汉语拼音字母有四种体式：大楷、小楷、大草、小草。楷体就是印刷用的字体，草体就是手写用的字体。”叶籁士在《汉语拼音方案问答》（文字改革出版社，1958 年）中进一步指出：“拉丁字母有大楷、小楷、大草和小草四种体式。汉语拼音字母也用这四种体式。”

汉语拼音字母采用的是拉丁字母，因此也具有拉丁字母的几种字体。就拉丁字母的印刷体而言，主要有三种字体：罗马体、哥特体（也译作“哥德体”）和意大利体。

罗马体因形成于罗马而得名。哥特体和意大利体是从罗马体派生出来的。现代哥特体跟罗马体的区别在于：罗马体的 a, 哥特体写成 ɑ；罗马体的 g，哥特体写成 g。当然，这是就现在而言，在古典哥特体中，仍采用罗马体的 a。

意大利体就是斜体，因起源于意大利，故称意大利体。在现在的汉字文本中，出现英文书名时，人们往往将罗马体改为意大利体，虽然未加书名号，读者一望即知是书名。

当初，《汉语拼音方案》公布的时候，字母表中采用的是罗马体拉丁字母，但现在的小学课本，多采用哥特体字母。也就是说弃用 a、g 而采用 ɑ、ɡ。一般认为有两个原因：一是 ɑ、ɡ 简单易写；二是跟拉丁字母的手写体相一致。

《汉语拼音方案》的“字母表”规定要采用拉丁字母，我们只要使用拉丁字母，就符合要求了。至于使用哪种字体，都是可以的，《汉语拼音方案》没有特别要求。

284 “汉语拼音字母中的 ɑ，英文写成 a”的说法是否正确

有人问，“汉语拼音字母中的 ɑ，英文写成 a”的说法是否正确。

汉语拼音采用的是拉丁字母。拉丁字母是公元前六七世纪意大利半岛的拉丁族创制的，是罗马帝国使用的拉丁文的字母，所以拉丁字母也叫“罗马字母”。这套字母来源于希腊字母。拉丁字母最初只有二十个，后来逐渐增加到二十六个。拉丁字母字体简单，笔画清楚，容易连写，便于阅读和书写，因此成为流传最广的字母。周有光先生曾说：“现在世界上大约有四分之三的国家用罗马字母作为他们的正式文字或者官方文字，其余四分之一不用罗马字母作为文字的国家，也有法定的或者习惯使用的罗马字母拼写法。因此，罗马字母成为信息化时代全世界公用的国际传递信息的符号系统。”（周有光《〈汉语拼音方案〉的应用发展》，见《新时期的语言文字工作》，语文出版社，1987 年）

整个西欧都使用拉丁字母，英文也使用拉丁字母。

现在不仅小学语文课本和小学生读物采用拉丁字母的哥特体，其他使用

汉语拼音的出版物也多使用哥特体。例如《汉语拼音正词法基本规则》（2012年6月29日发布）、《汉语拼音词汇专名部分（草案）》（2015年1月）中也使用哥特体字母。

因此，“汉语拼音字母中的ɑ，英文写成a”的说法宜说成：汉语拼音印刷体多采用拉丁字母的哥特体，英文的印刷体多采用拉丁字母的罗马体。

285 介音是否属于韵母

有位老师问，介音是否属于韵母。

普通话的音节一般由声母、韵母和声调构成。比较复杂的韵母包含韵头（谈到音节拼合时又叫“介音”）、韵腹（又叫“主要元音”）和韵尾。这是就音节的结构而言的。

在说到音节的拼合时，人们常提到两拼法、三拼法和声介合拼法。在用三拼法进行拼读的时候，人们是用声母、韵头、韵身三部分来进行拼读的。其中的韵头也叫介音，韵身包括韵腹和韵尾，即主要元音和尾音。这种方法只适用于有韵头的音节。当然，有时候没有尾音。

从上面的分析可以看出，介音即韵头，是属于韵母部分的。

字形观照

286 “爸”字是什么结构

有人问，《开心教程》认为“爸”字是半包围结构，《小学教材完全解读》认为“爸”字是上下结构，哪个正确。

目前，汉字的结构类型，没有统一的规范。“爸”字结构的两种说法，都能成立。笔者倾向于半包围结构。此外“春”“卷”等字，也可看作半包围结构。

287 “成”是独体字还是合体字

有人问，《小树谣》中的“成”字，教学参考上界定为独体字。另一本教参上却界定为半包围结构的字，部首是“戈”。“成”字到底是独体字还是半包围结构的字。

甲骨文中的“成”字是会意字，有人认为左下像一块木头，右上是一把长柄板斧，表示以斧劈物，含义是“成盟”“和解”的意思，如同折箭为誓、歃血订盟一样。有人认为甲骨文“成”字从戌（斧形兵器）从口（城邑的象形而非口字），表示以军械守卫的城邑，是“城”字的初文。到了小篆，“成”字演变为从“戊”、“丁”声的半包围的形声字。

总之，“成”最初是会意结构的合体字，后来演变为形声结构的合体字。所以汉代解说小篆字形的《说文解字》中说：“成，就也。从戊，丁声。”楷书中“成”的第三笔是“丁”的变形。

另外，在2009年教育部和国家语委发布的《现代常用独体字规范》中没有“成”，而在同一年教育部和国家语委发布的《GB13000.1字符集汉字部首归部规范》里，“成”在“戈”部二画中。另外，在《通用规范汉字字典》和《现代汉语规范字典》中，“成”也属“戈”部。因此，把“成”解释成半包围的合体字比较妥当。

288 “垂”的正确写法

有人问，语文教科书田字格里的“垂”字，中间那一横最长，可是字帖上倒数第二横最长，哪种写法正确。

从《新华字典》等工具书上可以看出，“垂”字中间的一横较长。不过宋体字不太明显，而楷体字则比较明显。总之，“垂”字中间的一横要写得较长些。过去，“垂”字的写法不大统一，现在规范的写法是中间的一横较长。

289 “鼎”字是什么结构

有人问，“鼎”字有的教学参考书说是上下结构，有的说是半包围结构，“鼎”到底是什么结构。

某个字属于哪种结构，目前尚无统一的标准。《新华多功能字典》《商务馆小学生字典》及《小学生规范字典》中，“鼎”字都是“半包围”结构。笔者觉得这种意见还是比较合理的，建议采用半包围结构的说法。

290 “冒”字的部首是什么

有位老师问，“冒”字的部首是什么。

在2009年教育部和国家语委发布的《GB13000.1字符集汉字部首归部规范》中，“冒”字归入“日”部。在《新华字典》跟《现代汉语词典》的部首目录中，“冒”字依据该字上面的“冃”（mào）归入了“日”的变形部首。部首“日”的部首序号是75，部首“日”的变形部首排在部首“日”的前面，部首序号是[75]。据此可查到“冒”字。

“冒”是会意字。在金文中，上面的部分模拟一个帽子，下面的“目”指眼睛，意思是说，这个字指戴在头上的帽子。

291 “甩”是半包围结构吗

有人问，《小蝌蚪》中的生字“甩”，教学参考资料上界定为独体字，而另一本教学资料上却界定为半包围结构的字，其部首是“用”。“甩”到底是独体字还是半包围结构的字。

“甩”是近代新造字，是“用”字的变体。把“用”字中间的竖拉长，然后向右侧拐弯，以表示甩动。“甩”的意义是由“摔”分化出来的，早期白话写作“摔”。例如《红楼梦》第六十六回中说：“柳湘莲不舍，忙欲上来拉住问时，那三姐一摔手，便自去了。”

在 2009 年 3 月 24 日教育部、国家语委发布的《现代常用独体字规范》中，可以看到，在笔画数为五笔的独体字中，有“甩”。这种归类显然是把“甩”的结构看得跟“用”一样，是独体字。

虽然把“甩”看作半包围结构也有一定道理，但是根据这个规范，语文工具书、教科书、教参等，都宜把“甩”看作独体字，而不宜看作半包围结构的字。

292 “死”是独体字吗

在小学语文教学中，有的老师认为“死”是独体字，也有的老师认为“死”是半包围结构的字。“死”究竟是什么结构的字呢？

“死”是常用字，在 2009 年发布的《现代常用独体字规范》中没有“死”，可见“死”不是独体字。

查《现代汉语词典》可知，“死”属“歹”部。可以认为，“死”是半包围结构的字。

293 “廷”字中，哪一横长

有位语文老师问，“廷”字右上部的“横竖横”，课本上是一个“土”字，查阅《现代汉语词典》第5版，确是如此。但在《现代汉语词典》第6版里，这个“土”变成了“士”。这是为什么？

的确，“廷”字的字形规范有点变化，这也涉及由“廷”充当偏旁的“庭院”的“庭”、“蜻蜓”的“蜓”等字的写法。

“廷”字的本义指庭院，也就是院子。“廷”字金文字形似一个人站在庭院的台阶前。到了小篆，这个字整齐化了，该字的右侧如一个人站立在“土”上。也就是说，该字在小篆时代，字的右上部中有个“土”。到隶书时，这个字的字形发生了变化，该字右上部中“土”的上面一横变长，即“土”变成了“士”，这造成了字理的中断。此后的楷书延续了这个“士”的写法。

从上面说的情况可以看出，在字理上，写成“土”更合理一点。因此1997年颁布的《现代汉语通用字笔顺规范》中，“廷”字调整为下面的一横长，其中的“士”变成了“土”。但是，这一调整引起了一些不同的意见。于是，在2013年颁布的《通用规范汉字表》中，恢复了原先的字形，“土”又变回“士”。也就是说，虽然将“廷”中的“士”改为“土”更合字理，但为了合于自古以来长期沿用“士”的社会使用习惯，还是将“土”改回为“士”。

294 “章”字可以说“立早章”吗

有人问，“章”字为会意字，上为“音”，下为“十”。虽然人们口头上常说“立早章”，但教材文本不宜采用这种说法。不知这一说法对否。

汉字的字理、汉字的部首归部以及为方便学生记忆汉字而编的顺口溜，是三件不同的事情。

就“章”字而言，从字理上说，“章”是会意字。由“音”和“十”会意。“音”指音乐，“十”表“完整，齐全”的意思。“音”和“十”合在一起表示“一个完整的乐曲”。“章”本来指音乐的一曲，后来用来指诗文的段落。

“章”从部首归部来说，属于“音”部。例如在《现代汉语词典》《新华字典》中，“章”都归在“音”部。按说，“章”字取部首时，可以取“丶”，可以取“亠”，也可以取“立”或“音”。为什么当下的工具书中取“音”呢？这是因为现在的汉字部首归部有个原则，在取部位置上出现几个部首叠合时，取笔画多的部首，不取笔画少的部首。“音”笔画多，所以“章”字在2009年发布的《GB13000.1字符集汉字部首归部规范》中，以及在权威工具书中，归入“音”部（多年前编辑的《汉语大字典》中，“章”归入“立”部）。

在教学中，为了帮助孩子记住某个字的写法，临时编的顺口溜，不一定跟字理相合，也不一定跟部首归部相合。但是，这种教学方法是有效的。所以，长期以来在教学中被采用，这是完全可以理解的。另外，在口语中，人们有时说：“我姓zhāng，是‘弓长张’，不是‘立早章’。”这是一种便于对方听懂的通俗解释。

时下，《新华字典》《现代汉语词典》中，既可以在“音”部里查到“章”，也可以在“立”部里查到“章”。这样做是为了便于人们查字。从这两本工具书中“章”字的归部情况来说，“立早章”的说法是能够成立的。

295 “竹”“见”是什么结构

有位老师问，“竹”“见”两字是什么结构。在《新华多功能字典》中，“竹”是左右结构，“见”是半包围结构。这一说法可供参考。

笔顺易错字

296 “鼎”字的笔顺

“鼎”字的笔顺是：竖、横折、横、横、横、竖折折、横、撇、竖、横、竖、横折。第 9 至第 11 画的顺序是从上到下。(共 12 画)

297 “兜”字的笔顺

有人问，“兜”字的上面是依次从左往右写，还是先写中间，再写左、右。

根据 1997 年国家语委和新闻出版署发布的《现代汉语通用字笔顺规范》，“兜”字的笔顺是先写上面的“白”，再分别写“白”的两边，先写左面的，再写右面的。最后，写下面的“儿”。

笔顺是：撇、竖、横折、横、横、撇、竖提、横折、横、撇、竖弯钩。（共 11 画）

298 “噩”字的笔顺

“噩”字的笔顺是：先写上面的一横，再写中间的一竖，再从左到右写上面的两个“口”，再写中间一横，再从左到右写下面的两个“口”，最后写下面的一横。（共 16 画）

299 “爽”字的笔顺

前几年去太原签名售书时，一个小学生问“爽”字的笔顺，回来查阅工具书后，告诉书店，但书店没找到那个提问的学生。现把“爽”字的笔顺介绍如下，或许那个孩子能看到。

“爽”字的笔顺是：先写上面的一横，再写四个“乂”。写四个“乂”时，先写左上的，再写左下的，然后写右上、右下的。每个“乂”写的时候，先写“撇”，后写“点”。最后写从字中间穿过的“撇”及最后一笔“捺”。（共11画）

300 “凸”字的笔顺

“凸”字的笔顺是：竖（左侧上方的竖）、横（左侧中间的短横）、竖（左侧下方的竖）、横折折折（右侧一笔写完，像两级台阶）、横（下面的一横）。（共5画）

301 “重”字的笔顺

有人问，某教学参考资料跟工具书上“重”字的笔顺不同。“重”字笔顺究竟是怎样的。

“重”字的笔顺是：撇、横、竖、横折、横、横、竖、横、横。也就是说，撇、横之后，先写其中的“曰”，之后再写中间一竖及下面两横。（共9画）

修辞手法
说略

302 比喻句还是拟人句

《白杨》中说：“一位旅客正望着这些戈壁滩上的卫士出神。”有位老师问，这句话运用了比喻还是运用了拟人的修辞手法。

比喻手法中的借喻不说出本体，或不在本句说出被比喻的本体，而是借用喻体直接代替本体。例如：

（1）鲁迅在一篇文章里，主张打落水狗。

（2）文章要言简意赅，应该把那些又臭又长的懒婆娘的裹脚布扔掉。

（3）半夜了，张老师桌子上的那座山越变越小。

（4）他不觉摇坠了眼里纯洁的珍珠。

（5）乱石穿空，惊涛拍岸，卷起千堆雪。

（6）看问题不能只见树木，不见森林。

例（1）中的“落水狗”是借喻，用来比喻“挨了打的敌人”。例（2）中的“又臭又长的懒婆娘的裹脚布”是借喻，用来比喻“长而空的文章”。例（3）中的“山”是借喻，用来比喻“作业本”。例（4）中的“珍珠”是借喻，用来比喻“眼泪”。例（5）中的“雪”是借喻，用来比喻“浪花”。例（6）中的“树木”和“森林”是借喻，用来比喻“局部”和“整体”。

拟人则是把物当人写。例如：

（7）下雨了，小草好开心啊。

（8）竹子平易近人，房前屋后有一点儿地方，它都可以在那儿静静生长。

（9）老王那辆骑了多年的自行车，现在已经退休了。

（10）高大的松柏细心地呵护着树下的草地。

（11）满天的星星都在眨眼欢笑。

（12）太阳出来月亮就该回家了。

“一位旅客正望着这些戈壁滩上的卫士出神”中的“卫士”是指白杨树，作者直接用“卫士”来代替白杨树，运用了比喻中的“借喻”，也就是说，这句话采用了比喻的修辞手法。

303 词组也可以构成排比

有人问，小学课文中的“粥是用各种米，各种豆，与各种干果熬成的”是否是排比句，并说词组似乎不可以构成排比。

单句和复句，以及句中的分句都可以构成排比。词组也可以构成排比。例如：

（1）秃顶的山，单调的黄土，浅濑的水，似乎都是最恰当不过的背景，无可更换。

（2）鲁迅是……向着敌人冲锋陷阵的最正确、最勇敢、最坚决、最忠实、最热忱的空前的民族英雄。

（3）人和自然、生活和艺术、现实和幻想，全都融合在一起，给人一种和谐和温馨的美感。

（4）入夜，用眼望去，数十里烈焰飞腾，火龙翻滚，映得满天红，满山红，满江红。

（1）中是由定中结构的词组构成的排比，（2）中是由状中结构的词组构成的排比，（3）中是由联合结构的词组构成的排比，（4）中是由主谓结构的词组构成的排比。

各种结构的词组都可以构成排比。从构成排比句的角度来说，如果将“各种米，各种豆，与各种干果”说成“各种米，各种豆，各种干果”，也就是说，删去其中的“与”字，就能更清晰地显示出排比手法。

304 “青草、绿叶、花朵是我们的姐妹”运用了什么修辞手法

《这片土地是神圣的》里说：“青草、绿叶、花朵是我们的姐妹，麋鹿、骏马、雄鹰是我们的兄弟。”有位老师问，这句话运用了比喻还是拟人的手法。

“青草、绿叶、花朵是我们的姐妹，麋鹿、骏马、雄鹰是我们的兄弟”这

句话的意思是“青草、绿叶、花朵就像我们的姐妹一样，麋鹿、骏马、雄鹰就像我们的兄弟一样”。相同的例子如：

（1）少年儿童是祖国的花朵。

（2）天是房，地是床，野果野菜当干粮。

（3）北京是祖国的心脏。

（4）荷叶成了一把把撑开的小伞。

（5）广场成了花的海洋。

（6）小分队成了刺向敌人的一把尖刀。

这些句子都使用了“暗喻”的手法，“暗喻”也叫“隐喻”，是比喻的一种。“暗喻”不用“如、像、似”等比喻词，而用“是、成、成为、变成”等词语。比喻不论是明喻、暗喻还是借喻，都包含了“……像……”的意味。例如例（1）中说的“少年儿童是祖国的花朵”中，包含了“少年儿童像祖国的花朵”这样的意思。拟人则一般不包含这样的意思。

305 “甜”味能闻出来吗

《秋天的雨》中说：“秋天的雨，藏着非常好闻的气味。梨香香的，菠萝甜甜的，还有苹果、橘子，好多好多香甜的气味，都躲在小雨滴里呢！”可是，“甜”味是闻不出来的，是尝出来的。有位老师问，课文中的说法是否正确。

一般情况下，人的视觉、听觉、嗅觉、触觉、味觉五种感觉是不能交错的。但有时，在文学作品中，作者让这些感觉互相转化，彼此沟通。例如：

（1）你的耳朵在侦察，
你的眼睛在倾听，
你的指挥棒上，
跳动着你的神经。（艾青《小泽征尔》）

（2）那笛声里，有故乡绿色平原上青草的香味，有四月的龙眼花的香味，有太阳的光明。（郭风《叶笛》）

（3）微风过处，送来缕缕清香，仿佛远处高楼上渺茫的歌声似的。（朱自清《荷塘月色》）

（4）那影片纯粹是用声音绘制的，声音绘制色彩，声音绘制形象，声音绘制感情。只要在什么时候再听到那种歌声，那声音的影片便一幕幕放映出来。（吴伯箫《歌声》）

例（1）以耳朵当眼睛，以眼睛当耳朵，视觉、听觉互换，写出指挥家如痴如醉的神态。（2）说笛声里有“青草的香味”，有“龙眼花的香味”，甚至还有“太阳的光明”，写出了笛声之美。（3）用“歌声”来形容荷花的“清香”，手法新颖而传神。（4）中，歌声被比喻成有形的东西，可以用来“绘制色彩”“绘制形象”“绘制感情”，还能“放映出来”。这些“超常”描写大大深化了人们对作者所描写的“歌声”的理解。

这种修辞手法叫通感，也叫移觉。运用通感的手法，会让人觉得新奇和生动，并对某种事物或某种状态留下深刻印象。从表达的角度说，当作者欲极言某种感受之强烈时，往往会采取这种手法。从通感这一修辞手法出发来理解文章中所说的闻到“菠萝甜甜的，还有苹果、橘子，好多好多香甜的气味”，比较妥当。

306 用“难道”的问句一定是反问句吗

有人问，“难道您担心我们会把您这位朝鲜阿妈妮忘怀？不，永远不会”中的“难道……忘怀”一句是否是反问句。

从修辞的角度说，自问自答是“设问”。例如：

（1）是谁创造了人类社会？是我们劳动群众。

（2）人的正确思想是从哪里来的？是从社会实践中来的。

“难道您担心我们会把您这位朝鲜阿妈妮忘怀？不，永远不会。”这两句话可以看成是自问自答。因此，这两句话就构成了修辞上的“设问”。

问句开头由于有“难道”，有人会以为这是反问句。其实是表示揣测的语气。试比较：

（3）难道我们会忘记在朝鲜的日日夜夜吗？（反问）

（4）难道他今天也没来？（揣测）

（5）都半夜了，还亮着灯，难道他还没睡？（揣测）

（6）老李怎么还没来？难道他没接到会议通知？（揣测）

通过比较可以看出，（3）是用反问句表示否定的意思，（4）至（6）则是表示说话人的一种推测。“难道您担心我们会把您这位朝鲜阿妈妮忘怀”是说话人对这位朝鲜阿妈妮内心想法的一种推测，因此不是反问，是一种推测性的问句。这个推测性的问句跟后面的“不，永远不会”共同构成了“设问”。运用“设问”手法之后，使得说话人所要表达的“我们永远不会忘记朝鲜阿妈妮”的意思，表达得更加突出。

其 他

307 不同工具书汉字归部为何不同

有人问，某字典说“龟”字的部首是⺈（鱼字头）部，《现代汉语词典》说“龟”字的部首是龟部，另一字典说“龟”字的部首是“丿”部，“龟”字该查什么部首。

2009 年 1 月 12 日，教育部和国家语委联合发布了《汉字部首表》。这个表对《汉字统一部首表（草案）》（1983）作了调整和增补，规定主部首共 201 个，附形部首共 100 个。在《汉字部首表》中，第 164 个部首是“龟”。因此《现代汉语词典》中说“龟”的部首是“龟”，是正确的。

原先，有的工具书的部首跟《汉字部首表》的部首不一致，例如原先《新华字典》的部首是 189 个，比 201 个要少些，“龟”在“丿”部六画中。此外，还有分 188 部的，200 部的，250 部的等。《汉字部首表》颁布之后，工具书的部首多据此调整为 201 部。

308 书信的格式包括几部分

有的书上说，书信的格式包括：称呼、正文、结尾、署名和日期。而有的书上说，书信的格式包括：称呼、问候语、正文、祝颂语以及署名和日期。有人问，哪种说法比较妥当。

这两种说法比较起来，后一种比较全面些。后一种说法里的“问候语”，其实就是书信正文开始说的话。问候语可以算作正文的一部分，但是单独把它列出，并介绍给学生，能够引起学生注意，可以让学生练习写书信时比较规范些，有利于教学。当然，日常生活中，正文的开始部分，不一定都有问候语。

第一种说法中，没有“祝颂语”，是不妥当的。规范的书信末尾，宜有祝颂语。

309 书信末尾的祝颂语在正文之后写还是另起一行写

有人问，书信末尾的祝颂语是在正文之后接着写，还是另起一行写。

这两种写法在日常生活中的书信里都存在。笔者翻阅了一些旧时代的书信，里面两种写法都有。而且有的名家是在正文后接着写祝颂语的。

但是，现在比较多的做法是：另起一行，空两格写“敬祝”“祝你”等，然后再另起一行写“身体健康”“幸福快乐”等语。写“身体健康”“幸福快乐”等时，顶格写，不空两字。建议采用这种写法。